Verena Fink

Komm auf die Schaukel ...

Eine Kulturgeschichte

Herausgegeben von Torkild Hinrichsen

Husum

Umschlaggestaltung unter Verwendung von Motiven aus dem Buch

Bibliografische Information der Deutschen Nationalbibliothek

Die Deutsche Nationalbibliothek verzeichnet diese Publikation in der Deutschen Nationalbibliografie; detaillierte bibliografische Daten sind im Internet über http://dnb.d-nb.de abrufbar.

Herausgegeben von Torkild Hinrichsen für das Altonaer Museum im Auftrag des FAM (Freunde des Altonaer Museums e.V.)

Bildnachweis
Annette Scholz Verlag, Ronnenberg: S. 57 unten; Beta Film GmbH: S. 47; Ulrike Bergmann: S. 107 (Ole von Beust); bpk / Antikensammlung, Staatliche Museen zu Berlin, Foto: Christa Begall: S. 22 links; Henny Beyer: S. 46; Gerald Cron, www.rossmacherei.de: S. 55 unten; Brian Fitzgibbon: S. 64; Fotoarchiv des Amtes für Bau- und Kunstdenkmäler, Bozen: S. 28; Marion Gerlach: S. 96; Germin / Panfoto: S. 52; Michaela Hegenbarth (Abi Wallenstein): S. 115; Torkild Hinrichsen: S. 7; Anne Huneck (Uwe Friedrichsen): S. 108; Institut für Auslandsbeziehungen e.V.: S. 93 unten; Burghart Klaußner: S. 20, 110; Kunsthistorisches Museum Wien: S. 32 oben; Pat Mallet: S. 43 unten rechts; Zeichnung von Gunda Marquardt: S. 22 rechts; Tom Menz (Michy Reincke): S.112; Irene Müller: S. 21 oben; Musée d'Unterlinden, Colmar: S. 31; Museum am Kiekeberg: S. 67; Museum für Kunst und Gewerbe Hamburg: S. 50 oben; Freddy Quinn, Foto: Lothar Winkler: S. 70, 112; Carmen Roberts (Volker Lechtenbrinck): S. 111; Rolf Schwarz: S. 55 oben links; Schwarzkopf-Henkel: S. 40 oben rechts und unten rechts; Ronald Searle: S. 43 unten Mitte; Anna O'Sheridan-MacGinnity: S. 55 oben rechts, 114; Bert Stern / Pirelli: S. 95 unten; Karin Szèkessy (Paul Wunderlich): S. 115; Thonet GmbH, Frankenberg, Fotos: Michael Gerlach, Frankfurt / M.: S. 72 unten, 73 oben; UPI: S. 105 oben; John Vachon / LOOK Magazine, in the LOOK Magazine Collection, Library of Congress: S. 73 unten; VG Bild-Kunst: S. 19; Wallace Collection London: S. 33 unten; Gisela Weissel: S. 9; Uwe Wilkens: S. 11

Alle Fotos, soweit nicht anders angegeben:

Gesamtherstellung: Husum Druck- und Verlagsgesellschaft
Postfach 1480, D-25804 Husum – www.verlagsgruppe.de

ISBN 978-3-89876-521-3

Vorwort

Schaukeln ist Schweben zwischen Himmel und Erde, ist Auf und Ab und Magenkitzel, Hin und Her. Schaukeln verführt zu Höhenflügen der ganz anderen Art und der stetig wiederholten Ungewissheit, was denn wohl ganz oben passiert, am Wendepunkt zwischen oben und unten. Wenn's höher geht, hinaus über die waagerechte Lage, schwingt sich an starren Stangen die Schiffschaukel des Rummelplatzes zu kühnem Überschlag für ganz Mutige. „Oh, toll!“, staunen die Zuschauer und erwarten, dass der Tollkühne aus dem Korb fällt. „Komm auf die Schaukel, Luise“, singt Hans Albers in Gestalt des Rummel-Ausrufers Liliom. Die an Seil oder Ketten gehängte Schaukel unserer Kindertage freilich stürzt von jenem hohen Punkt der Waagerechten einfach mit einem Ruck senkrecht ab, ohne in schwungvollem Bogen der Pendelbewegung sich und den Passagier nach unten ausschwingen zu lassen, ein Ruck und er fliegt aus dem Sitz.

Eine Schaukel ist eigentlich ein nicht auf die Erde gestellter, beinloser Stuhl. Er steht nicht, sondern hängt und hebt die Erdverbundenheit des Menschen auf. Der findet sich zwischen Erde und Himmel sitzend. Das ist die Ruhelage der Schaukel. Angestoßen schwingen wir pendelnd mit ihr vor und zurück, hin und her, bis es sich ausgeschwungen hat, der Impuls langsam verebbt und die Reibung das Ganze und uns schließlich zum Stillstand bringt. „Noch mal!“, rufen wir und schließlich mutiger: „Höher!“ Bis der Schwunggebende schließlich keine Lust mehr hat und die Schaukel – enttäuschend – auspendelt. Und im Stillstand entdecken wir, dass die herrliche Bewegung durch eigenaktives Tun sich in Gang setzen und in Schwung halten lässt: durch Verlagerung des eigenen Schwerpunktes jeweils am „unteren“, dem tiefsten Punkt des Bogens, und am höchsten. Dabei arbeiten wir mit Zufuhr neuer Energie gegen die Schwerkraft. Wenn wir den naiven kindlichen Zustand des Noch-nicht-Physik-Unterrichts hinter uns gelassen haben, erfahren wir mit entsprechenden Formeln, warum das so ist und dass es sich bei der Schaukelei nicht nur um Vergnügen, sondern um Selbsterfahrung der Auswirkungen des Pendel-Gestells handelt. Denn wir sind dort auf dem Schaukelsitz physikalisch nichts als die hängende Masse am Ende unseres Seils, das aus der Ruhelage gebracht durch die Schwerkraft zurückpendelt und schließlich in die Ruheposition, den tiefsten Punkt des Masseschwerpunktes schwingt. Die Schwingfrequenz von Schaukel bzw. Pendel hängt von der Länge der Aufhängung ab, nicht von der Masse des Pendels bzw. unserem Körpergewicht. So schenkt uns die Schaukel das seltene Erlebnis, trotz des aus den Fugen geratenen Körpergewichtes so leicht sich zu fühlen wie zu Kinderzeiten, was Wohlbefinden und Vergnügen noch steigert.

Unser Körper als Pendelmasse begreift diese physikalischen Zusammenhänge nicht ganz, was sich spürbar auf Magen und Gehirn auswirkt. Der Magen scheint ja noch dort zu verharren, wo sich der restliche Körper im Schwunge schon nicht mehr befindet: Das ist der saugende Magen-Kitzel, das Schrecklich-Schöne der Schaukelei. Gleichzeitig kommt im Kopf das Gleichgewichtssystem etwas durcheinander: Das, was eben noch Unten, wird plötzlich zum Oben und von dort runter und zu erneutem Sturz wieder vorwärts in selbst erzeugtem Gegenwind und herrlich schwindligem Taumel, der mit jedem Schwung erwartet, erhofft und ein bisschen gefürchtet wird. Kurzum, dass man sich ganz anders fühlt als sonst und dies Ungewohnte beliebig wiederholbar ist, das ist die Spannung und die Freude an der Schaukelei bis schließlich unser Äußeres und Inneres wieder in Einklang sind, weil sie sich an die Regelmäßigkeit des Schwingens gewöhnt haben.

Schaukeln ist also ein kontrollierter Absturz, der durch die pendelartige Aufhängung des Schaukelsitzes in eine Bogenbewegung gelenkt wird. Am unteren Punkt dieser Bewegung ist die Geschwindigkeit am größten, nimmt im Aufsteigen ab, steht in der Waagerechten kurz still, bis der erneute, nur rückwärts gewandte Absturz erfolgt, und so fort.

Die Schaukel schlägt den Bogen zu unseren Kindertagen und der gewichtslosen „Leichtigkeit des Seins“. Viele bekannte Persönlichkeiten haben uns persönliche Schaukel-Fotografien zur Verfügung gestellt. Wenige haben sich dieser Bitte Verena Finks verweigert,

Torkild Hinrichsens erste Reitversuche auf einem Schaukelpferd (Weihnachten 1948)

manche zur Ablichtung sich erneut auf die Schaukel gesetzt, um dann die Erfahrung zu machen, die wir alle machen, dass die Erinnerung schöner ist als deren Nachstellung. Manchmal haben wir uns den Schwung von damals bewahrt, aber manchmal passen wir einfach nicht mehr in das Gerät und machen ein entsprechend angestrengt lächelndes, leicht geklemmtes Gesicht, ähnlich wie bei dem Versuch, beim Klassentreffen in der alten Schule nach 25 oder gar 50 Jahren sich noch einmal in die Schulbank zu quetschen.
Aber Schaukeln ist schön und bleibt schön, selbst wenn es nur in der Erinnerung sei. Ute Protte, Oberstudienrätin aus Lüneburg, hat viele Jahre ihres Lebens sich bewusst „verschaukeln“ lassen. Sie hat mit unermüdlichem Fleiß und erheblichem materiellem Aufwand alles Erreichbare zur Kulturgeschichte der Schaukel erforscht und dinglich gesammelt. Grafiken, Kunstgewerbe, Werbematerial, Bücher, Texte. So wurde sie zur größten Kennerin des Themas. Dies Lebenswerk entstand über Jahrzehnte, geduldig unterstützt und gefördert durch ihren Ehemann, OStR Friedel Protte. Die komplette Sammlung und alle Forschungsergebnisse hat sie dem Altonaer Museum gestiftet, in dessen reiche kulturgeschichtliche Sammlung das Thema sich prächtig einfügt. Meine Kollegin, Frau Dr. Verena Fink, hat die aufwändige Inventarisierung der Sammlung den musealen Bedürfnissen angepasst, eine Ausstellung erarbeitet und diesen Band verfasst, der Ergebnisse zusammenfasst, Grundlegendes sagt, Zusammenhänge knüpft und Hintergründe beleuchtet. Unsere Museumsfotografin, Frau Elke Schneider, fertigte neue Fotografien in bewährter Qualität. Der gemeinsame Fleiß spiegelt sich in diesem Band, dessen Erscheinen der Verein der Freunde des Altonaer Museums (FAM) ermöglichte und den der Husum Verlag in bewährter Weise verlegte, druckte und in sein Programm aufnahm.
Ihnen allen herzlichen Dank. Dem Leser das Vergnügen des selbst erfahrenen Phänomens, „verschaukelt“ zu werden.

Torkild Hinrichsen
Altona im schönsten Schaukelmonat Mai 2010

Einleitung

Wer kennt nicht diese Szene? Kaum sieht ein Kind eine Hängeschaukel oder ein Karussell, schon stürmt es los, um darauf dem Himmel ein Stückchen entgegenzuschwingen. Immer wieder erleben Menschen den Genuss der Schiff- oder der Hollywood-Schaukel sowie des Schaukelstuhls. In vielen Familien ist die Wiege Bestandteil des Kinderzimmers, das gleichmäßige Schaukeln beruhigt das Baby oder Kleinkind, ihm wird signalisiert, dass es nicht alleine ist. Mit anderen Worten: Der Spaß- und Erholungsfaktor ist beim Schaukeln, Wiegen und Wippen ausgesprochen hoch.

Viele Menschen haben sich mit dem Phänomen Schaukel befasst. Der Kulturhistoriker Jürgen von der Wense (1894–1966) schrieb in einem Essay: „Die Schaukel ist Ruhe und Bewegung. Sie hält das Maß. Darum sind alle Meßgeräte Schaukeln: Oszilloskope, Metronome, Radiosonden, die Uhr." Ferner: „Schaukeln heißt: das Leben spielen. Darum legen wir auch die Kleinen in eine Wiege und schaukeln sie. Wiegen ist Hüten. Was ich wiege, das wiege ich ein, das wiegt sich in Sicherheit. Jedes Wiegenlied ist ein Zaubergesang", „Schaukeln heißt: im Sitzen tanzen", und: „Die Schaukel erhebt uns – sie bringt uns in Schwung, Hochgefühl, in Ekstase. Darum heilt sie von Melancholie und Trauer. Man schwingt wieder ein, und das wanke zerstreute Gemüt findet wieder in seinen Takt."[1] Die Hamburger

Gisela Weissel (geb. 1932 in Hamburg): Je Frau und Mann auf einer Schaukel, Radierung, 2002

„Das Kind im Manne III: Ist unser Schaukelstuhl endlich fertig?" Zeichnung: Kramer. Aus: Illustrirte v. 1940 (Berlin)

Künstlerin Margit Meister (geb. 1969) formulierte: „Das Schaukeln stellt für mich eine Metapher für das Spiel des Lebens dar, und ist gleichzeitig verknüpft mit dem uralten Menschheitstraum vom Fliegen – es ist der Traum, die irdische Schwere zu überwinden, leichter als Luft zu werden, um in unentdeckte Dimensionen vorzustoßen."[2]
Interessanterweise wurde bisher die Schaukel oder das Schaukeln in der Wissenschaft als Forschungsthema[3] kaum behandelt. Dass das Altonaer Museum sich jetzt des Themas „Schaukeln" annimmt, ist dem unermüdlichen Eifer von Ute Protte aus Lüneburg zu verdanken. Sie begann Anfang der 1980er-Jahre, Objekte mit Schaukelmotiven zu sammeln, und ahnte zunächst nicht, welche Dimensionen das Thema besaß. 1994 und 1995 führte sie jeweils in Lüneburg und in Winsen/Luhe eine kleine Schaukel-Ausstellung durch. Kürzlich überließ sie diesen Bestand dem Museum. Nach wissenschaftlicher Inventarisierung und Aufbereitung fast aller Objekte im Altonaer Museum kann jetzt dem Wunsch einer kulturgeschichtlichen Darstellung Rechnung getragen werden.

Definition

Die Schaukel ist im Allgemeinen bekannt, sodass mit wenigstens einem kurzen Eintrag zur Schaukel in jedem Nachschlagewerk zu rechnen ist. Dennoch kommt es vor, dass in einem modernen Lexikon der Begriff „Schaukel" nicht mehr zu finden ist, allenfalls unter anderen Einträgen wie beispielsweise unter „Bewegung". Je älter die Nachschlagewerke sind, desto ergiebiger sind die Erläuterungen zur Schaukel. Ganze 36 Seiten hat Johann Georg Krünitz in seiner 1799 erschienenen „Oeconomischen Encyklopädie oder allgemeines System der Staats=Stadt=Haus= und Landwirthschaft" der Definition und den verschiedenen Formen der Schaukel gewidmet, die durch zahlreiche Abbildungen veranschaulicht sind. Er versteht unter Schaukeln die „ganze Gattung von Bewegungen, da der Körper durch bogenförmige Schwingungen hin und her bewegt wird". Doch dieser Eintrag ist – für die damalige Zeit recht ungewöhnlich – nicht etwa unter „Schaukel", sondern unter dem übergeordneten Thema „Leibesbewegungen der Menschen und Thiere" zu finden[4].

Ebenfalls sehr ausführlich, wenn auch bei Weitem nicht so umfangreich wie Krünitz, haben die Brüder Grimm – die durch die Niederschrift von bis dahin nur mündlich überlieferten Märchen berühmt wurden – in ihrem auf 33 Bände angelegten „Deutschen Wörterbuch" zur Schaukel mit dem für sie typischen etymologischem Abriss sowie zu ihrer Vielseitigkeit und Mehrdeutigkeit geschrieben. In der drei Spalten umfassenden Definition gehen sie zunächst auf den Sprachursprung ein: „auf ahd. scoc, schock, wurf, n., plur.

Entspannte Lebensfreude im Tierpark Hagenbeck: Der kleine Orang-Utan Kejutan liebt das Schaukeln.

scocga, oscillae, scocan, oscillare, ossa movere, incippare (...) und mhd. schoc, schocke, schwankende bewegung, schaukeln und schaukel, schocken, in schwankender bewegung sein, schaukeln, tanzen". Schließlich folgen ausführliche Erläuterungen zur Schaukel selbst und zu ähnlichen Geräten, die Schaukelbewegungen erzeugen[5]. Wie bei vielen Erscheinungen der Kulturgeschichte ist der zeitliche Ursprung der Schaukel nicht eindeutig zu klären. Nach den Brüdern Grimm war die Schaukel im 17. Jahrhundert im deutschsprachigen Raum ein Begriff für das Gerät, abgeleitet aus dem mittelhochdeutschen „schukel" bzw. „schükel", und soll zurückgehen auf das althochdeutsche „scoc" oder „schock", das gleichbedeutend mit Schocken, Schieben ist[6]. Der Sinn ist der gleiche geblieben: Mit dem Schaukeln ist das Hin und Her bei gleichzeitigem Auf- und Abbewegen gemeint. Im Brockhaus von 1935 steht geschrieben, dass die Schaukel ein „der Unterhaltung und in beschränktem Umfang auch der Leibesübung dienendes Gerät zur Ausführung wiegender oder pendelnder Bewegungen" ist.

Der böhmische Pädagoge, Philosoph und Theologe Johann Amos Comenius (1592–1670) hat in seinem berühmten Werk „orbis sensualibum pictus" (die sichtbare Welt) bei den „Kinderspielen" zwar eine Schaukel als Spielzeug abgebildet, nicht aber dazu die geläufige Bezeichnung. Dort heißt es stattdessen: „auf dem Knebel / sich bewegend / sich retzschend"[7].

Der Begriff „Schaukel" kennzeichnet nicht nur das Gerät, sondern taucht ebenfalls in anderen Zusammenhängen oder im übertragenen Sinne auf. Sprachliche oder psychologische Assoziationen sind in diesem Zusammenhang nicht selten, so leiteten sich im Laufe der Jahrhunderte verschiedene Redensarten und Sprichwörter von ihm ab. „Wir werden das Kind schon schaukeln", sagen wir, um zu signalisieren, dass etwas wieder in Ordnung kommt und der andere beruhigt werden soll. Abgewandelt heißt es auch „Wir werden die Kiste gleich geschaukelt haben", eine Wendung, die aus dem 1. Weltkrieg stammt. Mit der „Kiste" meinte man nicht nur schwere Ladungen, sondern auch Flugzeuge[8], die damals beim Fliegen noch stärker schwankten. „Willst du mich

Einzelblatt aus: JOAN: AMOS: COMENII ORBIS PICTUS . Die Welt in Bildern, 1833 (180. Auflage). Kinderspiele: Die Knaben pflegen zu spielen …

etwa verschaukeln?!", bedeutet einer Mitteilung nicht zu trauen. Nach Erledigung einer schwierigen Angelegenheit haben wir die Sache geschaukelt, abgeleitet aus der Tatsache, dass anfangs eine größere Kraftanstrengung vonnöten war, bis der gewünschte Schwung erreicht wurde, und auch noch eine Weile beibehalten werden musste[9]. Will einer erfolgreich oder berühmt werden, schaukelt er sich nach oben; möchte jemand gerne zum Publikumsliebling werden, schaukelt er sich nach vorne. Um jemandes Machtstellung zu gefährden, versucht man ihn ins Schaukeln oder Wanken zu bringen[10]. Ein Auto, Motorrad oder ähnliches Gefährt wird als „Schaukel" bezeichnet, wenn beispielsweise Kopfsteinpflaster Schlingerbewegungen hervorruft, oder ein Flugzeug „schaukelt", indem es in Luftlöcher gerät. Wankelmütiges Verhalten wird ebenfalls als Schaukelei bezeichnet[11].
Die Übergänge zwischen Sprichwörtern und Redensarten sowie Aberglauben und alten Bräuchen sind fließend.

Die Schaukel und das Schaukeln wurden bereits in der Antike für Ritualabläufe verwendet. In Mitteleuropa besaß das Schaukeln lange Zeit angeblich magische Kräfte. Krankheiten, beispielsweise an den Augen, oder Beschwerden wie Kopf- und Seitenschmerzen könnten „weggeschaukelt" werden. Zwischen Weihnachten und Lichtmess (2. Februar) wurde eine Wiege mit einer Puppe in der Kirche aufgestellt, die von Kindern geschaukelt werden konnte. Danach sollten diese besser schlafen können[12]. In Mecklenburg hieß es unter anderem: „Eine leere Wiege soll man nicht schaukeln, sonst hat das Kind keine Ruhe. (Nach andern stirbt das Kind.)" und an anderer Stelle: „Wer das Kind zur Taufe hält, darf es nicht schaukeln, sonst verbraucht es viele Kleider"[13].

Eine andere Handlung versprach, etwas „Angewachsenes" am Körper zu beseitigen: Beim Tränken und Auswringen eines Schüsseltuchs in kaltes Wasser sollte so vorgegangen werden: „Schaukel die Augen mal, schaukel die Blautstrahl, schaukel die – hier macht man drei Kreuze mit dem Tuch – im Namen … weg usw."[14]

Noch im 20. Jahrhundert wurden in einigen Regionen Deutschlands heutzutage nicht mehr geläufige Rituale ausgeübt. Als Beispiel: In Ostpreußen wurde zu Pfingsten und anderen Feiertagen geschaukelt. Vor diesem eigentlichen Vergnügen gingen die jungen Leute in den Wald und banden „Alwietekränze". Bei Alwieten handelt es sich um ein weidenartiges Gebüsch, das sich durch Widerstandsfähigkeit und Unzerbrechlichkeit auszeichnet. Diese Kränze wurden um ein etwa 2,50 Meter langes und 10 cm starkes Rundholz gewickelt, bevor es zwischen zwei kräftigen Kiefern angebracht wurde. Und dann ging's richtig los: Jung und Alt versammelte sich um die Schaukel. Während sich „die Jugend" darauf austobte, kommentierten die älteren Leute erfreut das Spektakel[15].

Während in Deutschland Schaukelgebräuche zunehmend in den Hintergrund treten, sind diese beispielsweise in Estland immer noch verbreitet. Seit mittlerweile über 1000 Jahren werden traditionell während der Sommermonate an Feuerplätzen in kleineren Ortschaften Riesenschaukeln aufgebaut. Auf den sog. Kiiks können auf großen Sitzflächen, die an Außenstützen – bestehend aus

starren Holmen – befestigt sind, 20 Personen Platz nehmen. Die Größe dieser Geräte und der Schwung der daran Beteiligten bringen mit sich, dass eine große Fliehkraft erzeugt wird; mit einigen Kiiks sind sogar Überschläge möglich. Dieses Schaukeln symbolisiert den Weg der Sonne am Himmel, deshalb sind die Kiiks stets so aufgestellt, dass sie von Osten nach Westen schwingen. Zu diesem Ereignis gehören auch das Grillen und Singen, und zum Schluss schenkt die Dorfschönste dem mutigsten Schaukler eine Nacht unter dem estnischen Himmel[16]. Aber wohl nicht nur deshalb macht Schaukeln glücklich.
Doch zurück zur Gegenwart: Bei den heute noch gebräuchlichen Schaukeln gibt es drei Grundformen:

Hängeschaukel

Ein Brett wird mit Seilen an einem Ast oder einem Gerüst angebracht. Diese Vorrichtung ermöglicht ein Hin- und Herschwingen. Abhängig von der Art der Aufhängung, der Form des Sitzes und der Gruppierung einzelner Schaukeln zueinander existieren viele Variationsmöglichkeiten. Zusätzlich gibt es Konstruktionen, bei denen alle Seile oder ein Seil an einem Punkt befestigt sind – die Einpunktschaukeln. Das Schwungholen erfolgt durch Streck- und Beugebewegungen mit den Armen und Beinen oder durch Abstoßen von einem festen Punkt.
Abwandlungen sind Babyhüpfer, Hängematten und Hollywoodschaukeln, um drei Beispiele zu nennen.

Kufenschaukel, Wiege und Wippe

Kufenschaukel

Statt Beinen oder unter Beinen sind gebogene Kufen angebracht, sodass man entweder damit gleiten oder sich wiegen kann. Dazu gehören Schaukelpferde, Schaukelstühle und Wiegen sowie in eingeschränkterem Maße Schlitten[17].

Wiege

Es gibt zwei Schaukelbettvarianten für Kleinkinder. Die Hängewiege war ursprünglich ein am Baum oder Balken aufgehängtes, zusammengeknotetes Tuch oder ein an vier Seilen befestigter Kasten oder Korb. Als Abwandlung entwickelte sich daraus die Stand- oder Ständerwiege, wie sie heute noch üblich ist. Diese ist nur in eine Richtung beweglich und in der Regel „ein Querschwinger mit parallel zu Kopf- und Fußbrett laufenden Kufen“[18].

Die unten abgebildete alte Wiege stammt aus Italien und war ursprünglich ein Kinderbett gewesen. Anfang des 19. Jahrhunderts brachte ein Blankeneser Kapitän dieses für seine Tochter auf seinem Segelschiff mit, das Südfrüchte von Italien nach Hamburg verfrachtete. Als die Enkelin 1928 hochbetagt starb, kaufte ein Interessent die Wiege und restaurierte sie, um sie später dem Blankeneser Museum zu überlassen. Später ging sie ins Altonaer Museum über.

Das Kinderbett wurde erst in Hamburg-Blankenese zu einer Wiege umgearbeitet, indem Kufen aus deutscher Eiche ange-

Baby- und Puppenwiege, Altonaer Museum. Korbwiege aus Altenwerder. Korpus aus Weide, Schwingen aus Mahagoni, Himmel geblümter Baumwollstoff, etwa Mitte des 19. Jahrhunderts. Puppenwiege mit karierter Bettdecke vermutlich Laubsägearbeit aus Sperrholzbrettchen, die stumpf verleimt und mit Nägeln gesichert sind. Die Oberfläche ist teilweise farbig gefasst.

bracht wurden. Diese Wiege ist besonders hübsch mit ihren auf Buchenholz eingearbeiteten Stichelbildern[19]. An den Längsseiten steht vor dem Hintergrund einer italienischen Landschaft ein Mann an einem Tisch. Hinter ihm befinden sich Säulen, rechts von ihm ein Haus, von dem ein Maler die Wand streicht. Des Weiteren sind Vögel aus der christlichen Symbolik zu sehen wie Tauben und Pelikane; Letztere werden in dem Zusammenhang oft mit verkürztem Schnabel dargestellt. Der Pelikan ritzt sich mit seinem Schnabel die Brust auf, um seine junge Brut zu stillen. Im Allgemeinen stehen Tauben als Zeichen des Geistes oder auch für den Frieden. Die andere Längsseite weicht vom Motiv her nur geringfügig ab, so wurden statt des Pelikans Sträucher und Blumen sowie ein Storch mit einem Baby eingesetzt. Die Wiegenkopfseite weist zwei schnäbelnde Tauben mit dem darunterliegenden Paradies auf, die Fußseite dagegen nur die miteinander turtelnden Tauben[20].

Blankeneser Kunstwiege, Korpus aus Buche, Kufen aus Eiche, etwa 1780, ursprünglich aus Italien, später in Hamburg-Blankenese genutzt, Altonaer Museum

Im Gegensatz zu den italienischen Motiven auf dem Holz ist das Innenleben mit seinem rot-weiß karierten Bezug ganz im Sinne der Blankesener Tradition gestaltet, wie sie noch bis Mitte des 20. Jahrhunderts üblich war.

Wippe

Unter einem Brett befindet sich in der Mitte ein Auflageblock, sodass an den Enden die Benutzer hoch- und hinunterschwingen. Die Wippe – früher auch als „Schaukelbrett" bezeichnet – stellt eine „Vorstufe" der Schaukel dar, da mit ihr zwar ein Auf und Ab, aber nicht gleichzeitig Bewegungen nach vorne und

Als die Wippen noch Schaukeln hießen: „Die Schaukel. Nach einem Gemälde von Gumery“. Barchan. Kinder auf einer Wippe am Strand. Aus: Kölnische Illustrierte Zeitung, Nr. 33, vermutl. 1928

„Die Schaukel. Nach einem Gemälde von C. v. Bergen.“ Aus: Das Buch für Alle, Heft 28, vermutl. 1, 1907

zurück möglich sind. Erst die Schaukel bietet alle vier Richtungen an.

Im Folgenden konzentriert sich die Betrachtung der Schaukel und ihrer Weiterentwicklungen auf evolutions- und kulturgeschichtliche sowie psychologische/spirituelle Aspekte. Wippen und Wiegen werden allenfalls am Rande erwähnt.

Psychische und physische Auswirkungen des Schaukelns

Warum ist das Schaukeln so entspannend und zugleich „spannend“? Was passiert körperlich, damit ein Wohlgefühl beim Schaukeln eintritt? Auslöser für diese Empfindung ist das Vestibulär- oder Gleichgewichtsorgan im Innenohr[21]. Durch dessen Aktivierung leitet das Kleinhirn elektrische Impulse an den Rest des Gehirns weiter, insbesondere die Freude- und Lernzentren des limbischen Systems, das u. a. der Verarbeitung von Emotionen dient[22]. Das Gleichgewicht wird nicht nur bei der alltäglichen Fortbewegung, sondern insbesondere bei Drehbewegungen, beim Fliegen, Rollen und Klettern herausgefordert und trainiert. Umgekehrt verkümmert diese Funktionsfähigkeit, wenn das Innenohr nicht genügend Reize bekommt, sie ist aber reaktivierbar[23]. Ein sechs Monate altes Kind liebt es, bewegt, geschaukelt oder in die Luft geworfen zu werden. Dabei erlebt es „gesteigerte Schwerkraft- und Bewegungseinwirkungen, welche das Kind jetzt zu integrieren vermag“[24]. Noch ist das Kind damit beschäftigt, alle Eindrücke sinnlich zu erfassen und auf Empfindungen zu reagieren.

Ulrike Andresen (1949–2006): Auf der Schaukel, 1995 (aus Andresens Familienalbum), Acryl/Leinwand, Kunsthalle zu Kiel

Später kommen zu der sog. sensomotorischen Entwicklung geistige und soziale Aspekte hinzu. Es ist nachgewiesen, dass bei viel Bewegung, vielem Reden und Spielen die späteren geistigen und sozialen Fähigkeiten leichter ausgebildet werden. Kinder genießen alles, was das Vestibulärorgan stimuliert. Sie gewinnen durch das Schaukeln, Balancieren, Klettern und weitere Aktivitäten neue Gefühlseindrücke, entwickeln eine Beziehung zur Schwerkraft und lernen ihre Bewegungen zunehmend zu koordinieren. Das wiederum bereitet Freude und macht stolz[25]. Vor allem wird die Fantasie angeregt. Der Reiz des Schaukelns be-

Der Hamburger Schauspieler Burghart Klaußner im elterlichen Garten mit Nachbarstochter und Schwester, 1954

steht nicht nur in dem Auf- und Abschwingen, sondern auch darin, möglichst weit nach oben zu kommen. Kinder stellen fest, dass sie die Schaukel auch verdrehen und sich mit möglichst viel Schwung wieder zurückschleudern lassen können; sie bewegen sich stehend alleine oder zu zweit auf ihr oder legen sich mit dem Bauch auf den Sitz und laufen dabei mit den Beinen nach vorn, um sie dann anzuwinkeln, nachdem sie den Bodenkontakt verloren haben. Ein Kind kann auf dem Schoß des anderen sitzen – entweder mit den Gesichtern zueinander oder mit dem Rücken zum anderen. Manchmal entwickelt sich das Schaukeln zu kindlichen Mutproben, indem die Kleinen eine Art Weitsprung veranstalten, wobei eben nicht diejenigen am weitesten kommen, die den höchsten Punkt erreichen, sondern diejenigen, die den richtigen Absprung für die längste „Flugbahn" schaffen. Mädchen schaukeln ihre Puppen oder zweckentfremden deren Sitze zu Esstischen. Die Reihe der Spielvariationen ließe sich beliebig fortsetzen.
Kinder beruhigen sich in der Wiege oder in den Armen der Eltern, und auch ältere Menschen entspannen sich beim leichten Schaukeln. Andererseits wirkt eine rhythmische Bewegung stimulierend, sobald sie stärker ausgeübt wird. Hat der schaukelnde Mensch erst einmal einen gewissen Schwung erreicht, wird er wei-

„Bilder aus dem Alterthume. VII. Griechenland." Darstellung des antiken Sports. Links: Schaukeln. Abbildung unten: Knöchelspiel und Schaukeln

Beide aus: Münchener Bilderbogen, 6. Auflage Nro. 377, signiert: H. Leutemann 1864, Herausgegeben und verlegt von Braun & Schneider, München

1430–1300 v. Chr. erhalten: eine Frau – vermutlich eine Priesterin – schaukelt zwischen zwei Pfosten, auf denen Tauben sitzen, die für göttliche Macht stehen. Das Schaukeln soll auch außerhalb der minoischen Kultur wie bei den meisten frühen Bilddarstellungen eine magische Handlung sein[30].

Überhaupt waren für die alten Griechen und Römer Sport und Spiel gleichbedeutend mit Zeitvertreib, wie ein Stahlstich aus einem alten „Brockhaus" illustriert, und das Schaukeln war selbstverständlicher Bestand des antiken Sports.

In Indien wird der Schaukel besonders große Bedeutung zugemessen. Im feuchtheißen Klima ist die beim Schaukeln erzeugte Luftbewegung besonders angenehm. Anhänger des Hinduismus haben seit jeher gerne geschaukelt; es soll von

Links: Indische Kultfigur. Das klassische Liebespaar des Hinduismus, Krishna und Radha, unter Bodibaum schaukelnd. Gold- und silberfarbenes Metall, reich ziseliert, vermutlich aus Benares (Varanasi am Ganges), Ende des 20. Jahrhunderts

Rechts: Indische Holzschaukel mit Göttin und Affe, Schnitzarbeit unbemalt. Muria Kondh. Bastargebiet, Kondgaon. 20. Jahrhundert

der Erdenschwere lösen, und nach deren Vorstellung symbolisiert schon eine leere Schaukel die Anwesenheit von Göttern[31] . So ist es nicht weiter verwunderlich, dass grafische Darstellungen häufig schaukelnde Frauen und Männer darstellen. Das Schwingefest der Hindus feiert den Tag, an dem der Junge des Gottes Krischna, der bei Hirten aufgewachsen war, von seinen Freunden und Hirtinnen in der Schaukel angeschubst wurde[32]. Zu Erntebeginn, am sog. Teej, werden bei Prozessionen der Hindus – damals wie heute – geschmückte Schaukeln an Bäumen für junge Frauen aufgehängt[33]. Im indischen Bundesstaat Maharashtra wurde Anfang des 19. Jahrhunderts in einer Bergkette ein Höhlenkomplex unter anderem mit Wandmalereien aus der Zeit von 200 v. Chr. bis etwa 7. Jahrhundert n. Chr. gefunden, eine davon, datiert auf 500/550 n. Chr., zeigt die Naga-Prinzessin Irandati, die das Herz eines Mannes gewinnen will, indem sie schaukelt[34]. Ab dem 16. Jahrhundert wurden in Indien zunehmend Miniaturen gemalt, die höfische Gesellschaftsszenen darstellten, aber auch religiöse Themen in Zusammenhang mit Schaukeln aufgriffen[35].

Rechte Seite: links: Indische Schaukelszene mit Krishna, Radha und zwei weiteren Frauen. Von Blumenleiste eingerahmt. Köpfe schablonenartig. Stil von indischen Miniaturen. Seide, Ende des 20. Jahrhunderts

In Bastar, dem ehemaligen Fürstentum von Britisch-Indien (1818–1947) und heute zum Bundesstaat Chhattisgarh gehörend, hatten und haben Schaukeln eine wichtige rituelle Funktion und werden häufig vor Tempeln aufgestellt. „Sie sind ein Sinnbild für die göttliche Eigenschaft, sich frei im Luftraum zu bewegen und nicht den irdischen Begrenzungen von Raum und Zeit zu unterliegen“[36].

Neben den bildlichen Darstellungen waren und sind dreidimensionale Darstellungen von Schaukeln heute noch sehr verbreitet, wobei diese nicht nur als Zierde und Spielzeug, sondern nach wie vor als Kultgegenstände verstanden werden. Insbesondere wird die erotische Komponente beim Schaukeln hoch bewertet, nicht nur als Flirt, sondern da durch das Schwingen und den leichten Schwindel ein Gefühl von Trance entsteht, wird sie mit fernöstlichem Tantra und anderen sexuellen Praktiken in Verbindung ge-

Rechts: Indische Miniatur mit Krishna und Radha auf einer Baumschaukel mit quadratischem Thronsitz. Seide, reiches Pflanzendekor mit Gold. Aus Samode in Rajasthan, Ende des 20. Jahrhunderts bracht. Die Grenzen von Ritual und realistischer Darstellung sind fließend. Da die indische Kultur über eine große Fülle von Bräuchen verfügt, die einer gesonderten Untersuchung wert wären, seien die hier genannten Riten lediglich exemplarisch erwähnt.

In Thailand, einem anderen Kulturkreis, geht die Verehrung der Schaukel so weit, dass sogar 1784 vom König Phuttayodfa Chulalok eine 27 Meter hohe Schaukel – die Sao Ching Cha (die große Schaukel) – in Bangkok errichtet wurde. Nach der Schaukel-Zeremonie wurde sie so konstruiert, dass mit ihr entlang des Sonnenverlaufs, also von Ost nach West, geschaukelt wird[37]. 2006 wurde sie nach mehreren Renovierungen und zeitweiligen Unterbrechungen aufgrund mehrerer Unfälle ab- und im Nationalmuseum Bangkok wieder aufgebaut. 2007 wurde an der ursprünglichen Stelle feierlich eine neue Schaukel eingeweiht.

„Das Schaukelfest in Bangkok (Siam).“ Die große Schaukel in Bangkok. Beim jährlichen Schaukelfest, von Brahminenpriestern geleitet. Auf der Schaukel Männer, die einen mit vier Tikals gefüllten Beutel während des Fluges mit dem Mund erhaschen müssen. Lithografie, um 1911

In Ägypten und Afghanistan erfreute sich das Schaukeln in der allgemeinen Bevölkerung ebenfalls großer Beliebtheit.

Erklärend heißt es umseitig auf dem Bild zu den afghanischen Schauklern: „Das soeben erwähnte Bild führt uns eine Scene aus dem afghanischen Dorfleben vor, nämlich eine Schaukelbelustigung, die von der Jugend beiderlei Geschlechts, wie auch von jungen Frauen sehr geliebt und übrigens ganz in derselben Weise betrieben wird, wie auch bei uns zu Lande. Die Seile der Schaukeln sind oben in den Zweigen mächtiger alter Bäume befestigt, die sich vor dem Eingange des Dorfes erheben und in deren Schatten auch die Erwachsenen sich nach beendeter Tagesarbeit gern versammeln, um den anmuthigen Spielen der Jugend zuzuschauen und ein Plauderstündchen zu halten.“[38]

Man musste aber nicht ganz so weit reisen, um Riten, die sich selbstverständlich nicht nur auf hinduistische, sondern auch auf christliche oder andere Religionen beziehen, mit und auf Schaukeln zu erleben. Nach einer altrussischen Legende hatte Jesus durch seine Auferstehung die Erde wieder erleichtert, die durch die Sünden der Menschen beschwert wurde. An Ostern können die Menschen durch Schaukeln nachempfinden, wie sich Leichtigkeit anfühlt [39].

Im deutschsprachigen Raum wird die Schaukel erst im Mittelalter dargestellt. In der Kirche von Naturns im Südtiroler Vinschgau erscheint in einem Wandbild aus dem 7./8. Jahrhundert ein Heiliger auf einer Schaukel, der sich allerdings nicht zum Vergnügen darauf befindet (Abb. S. 28). Die Interpretationen dieses Bildes gehen auseinander: Der Heilige Prokulus war von 310 bis 330 Bischof von Verona und soll während der Christenverfolgung über die Stadtmauer geflohen sein[40]. Die andere Version besagt, dass der Hl. Prokulus nach seinem bischöflichen Abgang vom römischen Statthalter Anulinus schlicht und einfach aus der Stadt verjagt wurde[41]. Möglicherweise seilte er sich mit Hilfe der darüber befindlichen Männer ab[42], doch selbst wenn es so wäre, würde er dabei schaukeln.

Eindeutig erfreulicher sind wieder folgende Beispiele: Jeweils eine Schaukel ist in dem Gemälde von Lucas Cranach d. Ä. „Die Me-

Links: „Das Dschem-el-Nisim oder Fest der frischen Luft in Egypten.“ Schaukeln in Ägypten. Aus: Frank Leslie’s Illustrierte Zeitung. Bd. XXXIII, 1873

Rechts: F. Daddy: „Skizzen aus Afghanistan I: Belustigung mit der Schaukel“ (mit Text auf Rückseite). Aus: Das Buch für Alle, Heft 15, (1907?)

lancholie“ (1532)[43] und in Pieter Brueghels „Kinderspiele“ von 1560[44] zu sehen. Sebastian Münster (1488–1552) hatte 1544 nach einer Vorbereitungszeit von 20 Jahren zusammen mit 120 Gelehrten die „Cosmographia“ herausgebracht (Abb. S. 30), ein Grundlagenwerk der Geschichte und Geografie, Astronomie und Naturwissenschaften sowie der Landes- und Volkskunde. Die späteren Ausgaben ab 1550 umfassen mehr als 1200 Seiten und enthalten 62 Karten und 74 Stadtansichten, darunter 26 deutsche Städte. Eine der Bildansichten zeigt eine Volksszene auf freiem Gelände.
Diese Abbildungen sind jedoch eher „beiläufig“ bzw. Teil der Gesamtdarstellung. Erst im Zeitalter des Rokoko (um 1720 bis 1775), auch Spätbarock genannt, das mit Vorliebe das höfische Leben zeigte mit all seiner „Kultiviertheit“, dem feinsinnigen Lebensgefühl und der Sinnlichkeit, wurde die Schaukel häufig zu einem eigenständigen Objekt in der darstellenden Kunst. Sie war Symbol für Freude, Müßiggang und Liebelei.

Der Heilige Prokulus, Wandmalerei, Kirche von Naturns, 7./8. Jahrhundert

Les hazards heureux de l'escarpolette. Einzelner Farbdruck aus: Joachim Fernau. De l'Amour. Bildidee: Jean-Honoré Fragonard, 1767. Nach französischen Farbstichen und kolorierten Stichen des 18. Jahrhunderts. F.A. Herbig, Berlin 1960

Von dem Zeitpunkt an verbreitete sich das Schaukeln als Freizeitbeschäftigung, und es bekam eine gewerbliche Komponente. So waren das Karussell und Riesenrad – im doppelten wahrsten Sinne des Wortes – die Höhepunkte auf Jahrmärkten. Für den privaten Gebrauch wurde die Wellenbadschaukel so beliebt, weil sie das

Kosmografie von Sebastian Münster: De Gallia. De moribus & ritibus antiquorum Gallorum, 1559. Volksszene um 1559. Links eine Schaukelwiege an einem Baumast hängend. Holzschnitt

„Meer“ in die Wohnung holte. Auch wurde die Schaukel als Sportgerät zunehmend genutzt.
Ab etwa Mitte des 19. Jahrhunderts trat eine weitere Bedeutung auf, diesmal jedoch weniger als Spielplatzgerät oder in der romantisierenden Darstellung, sondern als Synonym in der politischen und unpolitischen Karikatur.
In den folgenden Jahrzehnten wurde der psychologische Aspekt des Schaukelns stärker erkannt und zunehmend als therapeutisches Mittel eingesetzt.
In der Wohnkultur verbreiteten sich schaukelnde Möbel, die zum Inbegriff des Wohlstands wurden. Der Schaukelstuhl oder die Hollywood-Schaukel vermittelten wohlige Vorstellungen.

Die Schaukel in den schönen Künsten und in der Werbung

In Europa sind Schaukeln als Wandmalerei ab dem 7. Jahrhundert nachgewiesen und in Bildern ab etwa 1500 zu sehen. Die Kunst wandte sich zunehmend der Wiedergabe der Wirklichkeit zu. Lucas Cranach d. Ä. und Pieter Brueghel standen am Anfang. Cranachs religiös angehauchte Darstellung „Die Melancholie" von 1532 zeigt eine schaukelnde Putte.[45]

In den „Kinderspielen" von Pieter Brueghel (1560) vergnügen sich Kinder (S. 32). Oben links im Fenster des Bildes schaukelt ein Mädchen, und ein Junge gibt ihr dabei den Schwung. Im Bild unten Mitte wird ein Kind von den Eltern geschaukelt. Damals scheint es in Holland üblich gewesen zu sein, dass in manchen Regionen der geeignete Platz für eine Schaukel die Scheune über dem Dreschboden war[46].

Schaukeln tauchen seit Anfang des 18. Jahrhunderts auch in Kupferstichen auf. In dieser Epoche des Rokoko oder des Spätbarock entstanden hierzu zahlreiche Bilder. Nicht von ungefähr wird sie auch „Schaukelzeit" genannt. Einer ihrer Vertreter war Jean-Honoré Fragonard (1732–1806). Besonders ihm gelang es, das höfische Leben überzeugend und lebensfroh darzustellen. Zu seinen Werken gehört auch das berühmte Bild „Les hazards heureux de l'escarpolette" („Die glücklichen Wechselfälle der Schaukel"), eine Auftragsarbeit von 1767, die sich heute in der Wallace Collection in London befindet. Ganz offenkundig steht die

Lucas Cranach d. Ä.: Die Melancholie, Mischtechnik auf Holz, 1532

Pieter Brueghel: Kinderspiele, Öl auf Holz, 1560

La Balançoire. Kupferstich nach Watteau. Eine Frau u. zwei Männer

Originalscherenschnitt mit Rokokoszene. Auf Goldhintergrund. Mit schwarzem Papierband alt gerahmt. Um 1900

C. Schweninger: Mit leichten Schwingen. Liebespaar in Rokokostüm auf der Hängeschaukel. Kolorierter Holzstich, 1884 (Photographieverlag von V. Angerer in Wien)

junge Frau für Schönheit und Jugend, die von einem ebenfalls jungen Mann den Schwung bekommt. Es scheint sich um ein neckisches Spielchen zu handeln. Im Hintergrund zieht ein weiterer, sichtbar älterer Mann[47] – der die Kommunikation zwischen den beiden nicht durchschaut – am Seil, um der jungen Dame ebenfalls Schwung zu geben. Insgesamt zeigen viele zeitgenössische Abbildungen Schaukelmotive, oft zwei Männer, die einer jungen Frau auf einer Schaukel Schwung geben; dabei benutzt einer seine Hand, während der andere, meist im Hintergrund, mit dem Seil für die Bewegung sorgt. Es sind symbolische Darstellungen: Der Favorit, der die Herzensdame jedes Mal aufs Neue berührt, steht ihr näher als der Herr, der aus der Distanz das Tempo beeinflusst[48].

Das Interesse bzw. die Nachfrage nach Schaukelassoziationen und -erinnerungen ließen eine vielfältige Produktpalette entstehen. Während bis Mitte des 18. Jahrhunderts das Bürgertum und der Adel die Hauptabnehmer für Porzellanfiguren waren, wurden diese durch die Entwicklung neuer Techniken für weitere Bevölkerungskreise erschwinglich[49].

Auch nach der spätbarocken Zeit wurde die Schaukel zum Sinnbild für Flirterei. Künstler des Impressionismus (2. Hälfte des 19. Jahrhunderts) haben die moderne Freizeitgestaltung gerne ins Bild gebracht. So malte 1876 der impressionistische Maler Pierre-Auguste Renoir

Jean-Honoré Fragonard: Die Schaukel, Öl auf Leinwand, 1767

(1841–1919) „La Balançoire“, bei der im Grünen eine junge Frau auf einer Schaukel nicht sitzt, sondern steht und dabei von zwei Männern betrachtet wird. Ein Kind sieht sich diese Szene an.

Um die Wende des 19. zum 20. Jahrhundert waren Schaukeln zunehmend auf Bildpostkarten zu sehen, deren Verbreitung durch viele Faktoren begünstigt wurde: Die Druckverfahren vereinfachten sich und gleichzeitig verbesserte sich die Qualität. Das Porto wurde erschwinglich. Die Eisenbahn entwickelte sich im Laufe des 19. Jahrhunderts zu einem Hauptverkehrsmittel und verkürzte die Reisezeit erheblich. Mit der gestiegenen Mobilität der Menschen verband sich der Wunsch, Grüße aus der Ferne zu senden. Die schnellere und auch häufigere Postzustellung förderte die Nutzung von Bildpostkarten, die sich besonders für kurze Mitteilungen eigneten. Allein in der Zeit zwischen dem 9. und 16. August 1910 wurden 10 Millionen Postkarten im Deutschen Reich befördert[50].

Oben links: Schaukelnde Mädchen, Porzellanskulptur, Lladro, Spanien, o. J.

Oben rechts: Darstellung einer Frau in einem blauen Rokokokleid auf einer Schaukel mit goldenen Ketten

Rechts: Pärchen auf selbst gebauter Wippe unter einem Baum. Porzellanmanufaktur Schierholz, Plaue, Thüringer Wald, 2. Hälfte des 19. Jahrhunderts. 1817 wurde die Porzellanmanufaktur Plaue gegründet, ab 1851 führte die Manufaktur den Namen Schierholz nach den Betreibern, 100% Übernahme durch Seltmann Weiden 1995.

Bei den damals häufig benutzten Schaukelmotiven waren zwei Hauptkategorien erkennbar: Zum einen wurden Liebesgrüße und zum anderen Glückwünsche

„Erste Liebe“, Postkarten um 1915

Liebespaar,
Postkarte um 1907

versandt. Die Symbolik dieser Abbildungen verstärkte das Geschriebene. Das zeigen besonders eindrucksvoll die Liebesgrußkarten mit glücklich aussehenden Menschen, oft unterstützt durch die Anwesenheit des kleinen Gotts Amor.

Um die Ernsthaftigkeit des Liebesbegehrens zu bekräftigen oder Festtage vom Alltag abzugrenzen, wurden Schaukeln mit Schleifen oder Blumen verziert. Als besonders wertvoll galten Postkarten mit Prägedruck, Gold- und Silbereffekten, Seidenapplikationen und schillernden Schmucksteinen, die Heimarbeiterinnen für wenig Lohn als Applikationen befestigten[51].

Die Glückwunschkarte zeichnet sich durch Motive mit schaukelnden Menschen, Tieren oder Fantasiegeschöpfen aus, deren Darstellungen durch vorgedruckte Texte zu besonderen Anlässen wie Ostern, Pfingsten, Weihnachten, zum neuen Jahr oder zum Geburtstag ergänzt wurden. Vor allem Kinder galten als besondere Glücksbringer, standen für unbefangene Lebensfreude und Verspieltheit und wurden deshalb abgebildet.

Liebespaare,
Postkarten um 1905

Engel und Glocken auf Wippen, 1902–1906

Kinder auf Pendeln, um 1908

Osterküken, Anfang des 20. Jahrhunderts

Matrosenjunge auf Schaukel, Anfang des 20. Jahrhunderts

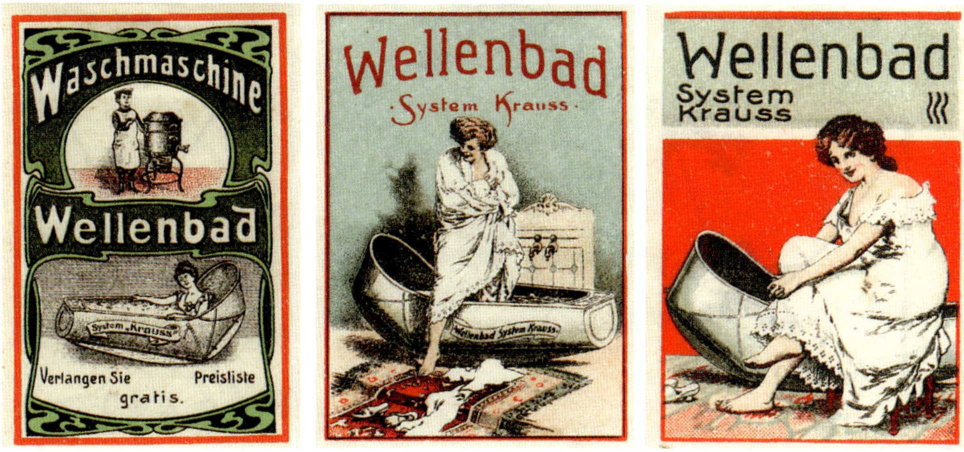

Reklamemarken für Wellenbadschaukel, um 1910

Die Phase der Industrialisierung prägten zahlreiche Erfindungen und gemessen an den Jahren zuvor ein geradezu rasanter technischer Fortschritt. Neben den privaten Grußkarten und Briefen kamen zunehmend kommerzielle Postkarten in den Umlauf. Karten mit Produktreklame, ebenso die zunehmende (auch politische) Werbung auf Karten, Plakaten und in Zeitungen gehörten zum Alltag. Kaum größer als eine Briefmarke und als Sammelobjekt sehr begehrt waren zahlreiche Reklamemarken.

In vielfältiger Weise diente die Schaukel der Werbung als Motiv, die positiven Gefühle und Erlebnisse mit ihr sollten auf das Produkt übertragen werden.

Der Trend zu größerer Freizügigkeit spiegelt sich auch in Werbemotiven mit Schaukeln wider – immer direkter wurden erotische Bezüge hergestellt.

Titelbild der Zeitschrift „Jugend. Münchener Illustrierte für Kunst und Leben“ mit einer Dame auf einem Seil, das sie als Schaukel nutzt . Die „Jugend“ reflektierte von 1896 bis 1940 die Kunst- und Mode-Trends. Ausgabe 19, 9. Mai 1896

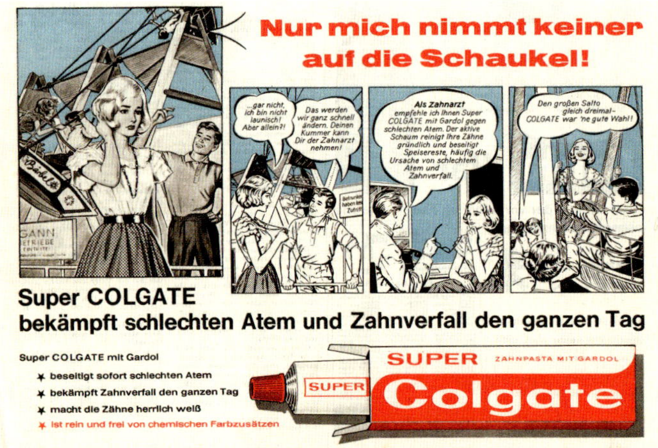

Oben links: „Colgate"-Werbung, Bildgeschichte „Nur mich nimmt keiner auf die Schaukel!" (wegen schlechten Mundgeruchs!). Szene mit vier Bildern an einer Schiffschaukel auf dem Jahrmarkt, aus: Quick, 1962

Oben rechts: Reklame für einen „Bac"-Stift (Deodorant). Stern 1966. Junge Frau auf der Schaukel, in Schwung versetzt von einem jungen Mann

Unten links: Reklameanzeige für Rüttgers Sekt „Club Original". Aus: Spiegel 1965

Unten rechts: Anzeige von 1938, Werbung für Schwarzkopf-Shampoo: „Höher, immer höher" auf der Hängeschaukel, aber das Haar zerzaust nicht, Aus: Berliner Illustrirte Zeitung, Nr. 29, S. 1123 von 1938

Karikatur

Technische Entwicklungen und liberalere Pressegesetze führten im 19. Jahrhundert zu einer stärkeren Verbreitung von Druckerzeugnissen. In Artikeln und Zeichnungen erschien die Schaukel nun auch in anderen Zusammenhängen; sie diente als Synonym für die sog. Schaukelpolitik, das Sich-nicht-festlegen-Wollen, oder für die

Oben: Karl Pommerhanz: Der Turner auf der Schaukel: 3 Federzeichnungen für „Fliegende Blätter", 1897

Unten links: A. Weisgerber: Vivat Utopia. Internationale Schiedsgerichte werden schwankend am Mond befestigt. Jugend, Nr. 15. 4. April 1911

Unten rechts: Das internationale Schaukelpferd, ein europäisches Weihnachtsspielzeug. Karikatur, Holzstich 1876. Aus: Das Neue Blatt, o. J. Gortschakoff und Bismarck zur Orientalischen Frage Suez Canal

E. Reinicke: Die improvisierte Schaukel, drei Holzstiche aus einer Zeitung ausgeschnitten mit beschnittenen Ecken und auf Karton aufgeklebt. 1904

Methode, zwei Gegner gegeneinander auszuspielen. Bismarck – preußischer Ministerpräsident und Reichskanzler – war klassischer Vertreter dieser Politik.

Außerhalb der politischen Auseinandersetzung tauchte die Schaukel als Ideengeber für zahlreiche unterhaltsame Bildergeschichten und Spötteleien über (zwischen)menschliche Schwächen auf.

Ein Bildband aus der Zeit um 1950 stellt auf wohlgestaltete Weise „harmonisches Familienleben“ in Versen und Zeichnungen dar, zu dem auch die Erbtante gehört, die ganz offensichtlich mit einer Schaukel zu beglücken ist:

„Die Erbtante

Die Tanten, ganz an sich genommen,
sind nicht allgemein willkommen,
Ihr Wert erst dadurch stark gewinnt,
daß sie einst zu beerben sind“ [52].

Die Erbtante, in: Robert Högfeldt: Das harmonische Familienleben, Wien 1945, ohne Seitenangabe

Auch ältere Meisterwerke werden von Cartoonisten gerne auf die Schippe genommen. Jean-Honoré Fragonards „Schaukel“ haben gleich zwei Karikaturisten auf ihre persönliche Weise verarbeitet.

Die Nassauer. (Ein Gaunerstreich in einem Aufzuge.)
Bildgeschichte dreiteilig, Schaukel wird zur Falle,
aus: Schlesischer Ulk, Nr. 25, 1896.

Der Franzose Pat Mallet, der in den 1980er-Jahren mit seinen „grünen Marsmännchen" bekannt wurde, ließ die Männchen zwar nicht selbst schaukeln, aber sie trugen zum Glück der Geliebten von König Ludwig XV. durch das Anschubsen der Schaukel bei[53]. Zur gleichen Zeit – 1980 – richtete der Engländer Ronald Searle seine „Schweinerei" an[54].

Links: Jean-Honoré Fragonard (hier fälschlich Boucher zugeschrieben): La Bascule, Kolorierter Kupferstich, 18. Jahrhundert

Mitte: Ronald Searle: Die Schaukel von Jean Honoré Fragonard, Lithografie, koloriert, 1980

Rechts: Pat Mallet, Die Liebe unter Ludwig XV. Der König selbst stand stark unter dem Einfluss seiner Geliebten, vor allem der Pompadour und der Dubarry, Zeichnung, koloriert, 1985

Die Schaukel wird immer wieder in der sog. schönen Literatur thematisiert. Sie taucht in den Liedern der Minnesänger auf, ihr werden eigene Gedichte gewidmet oder sie findet Erwähnung oder auch nur sachte Andeutung in der Belletristik.
Effi Briest, Protagonistin im gleichnamigen Roman von Theodor Fontane, „brauchte" immer wieder ihre Schaukel zum Nachdenken und Träumen, um zwischendurch – so ist es aus dem Roman zu interpretieren – aus dem engen bürgerlichen Korsett auszubrechen. In der Literatur dient die Schaukel in vielfältigster Weise als Synonym. So steht sie ganz profan für Kinderbeschäftigung in Kurt Tucholskys „Die Unpolitische" oder in Peter Handkes „Falsche Bewegung"; als Ausdruck kindlichen Lebensgefühls erscheint die Schaukel in den Gedichten von Richard Dehmel (1863–1920) oder Ursula Wölfel (geb. 1922).

Der Reitersmann.

Schimmel, willst du laufen,
will ich uns was kaufen!
Heißa, lauf nach Mexiko,
da kaufe ich dir Bohnenstroh;
laufe nach der Mongolei,
da kauf' ich mir ein Oster-Ei,
hopp!

Eile, Schimmel, eile,
oder du krigst Keile!
Hoppßa, lauf nach Hindostan,
da kaufe ich mir Marzipan;
laufe nach Cap Morgenrot,
da kauf' ich dir ein Dreierbrot,
burr!

24

Fitzbutze. Allerhand Schnickschnack für Kinder von Paula und Richard Dehmel. Mit Bildern von Ernst Kreidolf. Verlag von Schaffstein & Co., Köln, Weihnachten 1901, S. 24

Die Schaukel.

Auf meiner Schaukel in die Höh,
was kann es Schöneres geben!
So hoch, so weit! Die ganze Chaussee
und alle Häuser schweben.

Weit über die Gärten hoch, juchhee,
ich lasse mich fliegen, fliegen;
und Alles sieht man, Wald und See,
ganz anders stehn und liegen.

20

Hoch in die Höh! Wo ist mein Zeh?
Im Himmel! ich glaube, ich falle!
Das thut so tief, so süß dann weh,
und die Bäume verbeugen sich alle.

Und immer wieder in die Höh,
und der Himmel kommt immer näher;
und immer süßer thut es weh —
der Himmel wird immer höher.

21

Fitzbutze. Allerhand Schnickschnack für Kinder von Paula und Richard Dehmel. Mit Bildern von Ernst Kreidolf. Verlag von Schaffstein & Co., Köln, Weihnachten 1901, S. 20 und 21

Ursula Wölfel

Schaukelspaß

Los –
stoß!
Und nun flieg ich
und bieg mich
zurück – und vor,
und der Wind saust im Ohr,
und nun hin – und nun her,
ich bin leicht – ich bin schwer!
Und jetzt fliege ich, steige ich, steige ich auf!
Und falle und falle – und wieder hinauf
und mit Schwung! Und wieder: Ich steige! O schau!
Ich Vogel, ich Adler, ich Lerche im Blau!
Und der Himmel ist nun ein Glockendach weit,
und ich bin der Klöppel und schlage die Zeit!
Und ich schlage die Eins, und ich schlage die Zwei,
ich steige und falle und fliege vorbei!
Und drei – bam-bom!
Und vier – ich komm!
Und fünf – dang-ding!
Und sechs – ich spring!
Ding-dong-dang
längelang
auf die Nas
ins Gras.

112

Schaukeln finden u. a. Erwähnung in Sarah Kirschs „Reisezehrung“, Bertolt Brechts „Vom Schiffschaukeln“ (Gedichte) oder in Max Frischs „Homo Faber“ (Roman) als Motiv für eine Rückbesinnung oder ein gesteigertes Lebensgefühl. Die Schaukel ist Symbol für Begegnungen (in Theodor Storms Novelle „Im Saal“ oder in der Erzählung von Peter Weiss „Abschied von den Eltern“) wie auch für Erotik und Sex (im Roman von Peter Schloterdijk: „Der Zaubertraum“). Hans Herbert textete 1932 das Lied „Komm auf die Schaukel, Luise“ (aus dem Bühnenstück „Liliom“, Musik von Theo Mackeben), das durch die Interpretation von Hans Albers zu einem Schlager, ja Evergreen wurde:

Wunderwelt. Lesewerk für die Grundschule 3. Schuljahr. Schwann Düsseldorf, 1968, S. 112: Ursula Wölfel: „Schaukelspaß“ mit Illustration (Mädchen auf der Hängeschaukel)

V. l. n. r.: Plakat zum Theaterstück Schaukeln. NeuesTanzTheaterMusikstück von Henny Beyer und Ensemble (hier die Tänzerin Kerstin Quaas). Premiere: 10. September 2002 in der Reaktorhalle München, Foto: Mathis Beutel, Grafik: Hannelore Dietz. NeuesTanzTheaterMünchen2002; Reklame-Postkarte zum Film: Das Mädchen auf der Schaukel. Cinema; Szenenfotos zu „Die Schaukel. Die Geschichte einer Vergewaltigung“ von Edna Mazya. Aufführung der Vaganten Bühne, Berlin Charlottenburg 1998. Fotograf: Frank Roland-Beeneken. Szene mit vier Schauspielern, zwei stehen auf der Schaukel; Programmheft Metropolis. Irish Film Festival Hamburg, November 1986

Fita Benkhoff als Luise und Hans Albers als Hannes beim Lied „Komm auf die Schaukel, Luise“ in dem Spielfilm „Auf der Reeperbahn nachts um halb eins“ (1954)

Komm auf die Schaukel, Luise

Auf dem Rummelplatz ist was los, mein Schatz. –
Mal schaukel'n der Kleine? – Das Kalb mit fünf Beine –
Das Riesenrad – jeder Wurf gewinnt.
Doch das schönste Vergnügen, wo ist das zu kriegen?

Komm auf die Schaukel, Luise! Es ist ein großes Plaisir.
Du fühlst dich im Paradiese und zahlst nur ne'n Groschen dafür. –
Ach – Komm auf die Schaukel, Luise, ich schaukel dich her und hin
und zeig dir nachher auf der Wiese, Luise, wie gut ich dir bin.
Auf der Schaukel schweben, das ist wie im Leben,
macht Spaß und macht bange und dauert nicht lange.
Mal rauf und mal runter, bisschen Schwindel mitunter,
da ist es das Beste, 's hält einer dich feste!
Refrain: Komm auf die Schaukel, Luise…

Auch in zahlreichen Filmen und Theaterstücken spielte die Schaukel eine mehr oder weniger wichtige Rolle.

Die Schaukel im Alltag

Schaukeln in der Kindheit

Erst zu Beginn der Neuzeit wurde das Kind bzw. die Kindheit in dem Sinne wahrgenommen, dass es sich bei diesen kleinen Menschen um Wesen handelt, die sich in einer besonderen Phase, nämlich auf dem Weg zum Erwachsensein befinden[55]. Bis dahin waren sie – und in manchen Gesellschaftsschichten auch noch bis in das 20. Jahrhundert hinein – Teil der Gemeinschaft und Gesellschaft[56], ohne dass Unterschiede zwischen Kindern und Erwachsenen gemacht wurden. Kinder entfalten sich zuerst innerhalb der Gemeinschaft, die aus Eltern, Geschwistern, Kindergarten oder Spielplatz besteht. Die Schule als Institution ist schon Teil der Gesellschaft, wobei sie gemeinschaftliche Elemente wie das Eingliedern innerhalb eines Klassengefüges enthält.

„Das Spiel ist die erste Poesie des Menschen“, sagte der Schriftsteller Jean Paul (1763–1825) und meinte damit den großen Einfallsreichtum, den die Kinder dabei entfalten. Die Bewegungsspiele fördern die Reaktionsfähigkeit, Beobachtungsgabe, Gedächtnisschulung und Muskulatur.

Etwa zwischen dem 17. und 20. Jahrhundert ging dieses Bewusstsein verloren, Kinder wurden überwiegend wie kleine Erwachsene behandelt. In dieser Zeit wurde teilweise verkündet, dass die spielerische Bewegung den Kindern schaden könnte. Diese Meinung setzte sich aber nicht überall durch. Kinder aus höheren sozialen Schichten konnten ab Ende des 17. Jahrhunderts vereinzelt statt Erwachsenenkleidung kindgerechte Kleidung tragen (wobei eher die Knaben und weniger die Mädchen in diesen

Schaukelszene mit drei Kindern, Stahlstich, handkoloriert, 1830

Genuss kamen)[57] und durften je nach Einstellung der Eltern spielen, andere dagegen mussten sich zu Hause gesittet der Doktrin der Erwachsenen unterordnen. Bei den unteren Gesellschaftsschichten war gleichwohl eine große Spanne von spielerischer Freiheit bis hin zu Kinderarbeit zu verzeichnen. Häufig mussten sie zum Lebensunterhalt der Familie beitragen[58].

Bereits der große Dichter Johann Wolfgang von Goethe (1749–1832) kritisierte in einem Brief am 12.3.1828 an seinen Freund Johann Peter Eckermann (1792–1854), es gehe leider darum, „die liebe Jugend frühzeitig zahm zu machen und alle Natur, alle Originalität und alle Wildheit auszutreiben, sodass am Ende nichts übrigbleibt als der Philister."[59]

Kinderspiele, handkolorierte Lithografie, nach Comenius, aber im Stil des 19. Jahrhunderts. Siehe Neuer Orbis Pictus //für die Jugend// oder Schauplatz der Natur, der Kunst und des // Menschenlebens, Beschreibung des Jungen am Baumast hängend (Nr. 11): „auf dem Knebel"

H. Schlesinger: Auf der Schaukel, Farblithografie, o. J. Diese langenSchaukelbretter – die wie die Italienischen Schaukeln aussahen – waren überwiegend im südeuropäischen und im deutschsprachigen Raum, dort vor allem in Bayern, verbreitet.

Kinderspiele besitzen jedoch eine lange Tradition. Zeitgenössische Darstellungen auf Fresken und Vasen aus dem alten Ägypten, dem alten Rom und Griechenland bezeugen dies. Im deutschsprachigen Raum war Spielen bis in die frühe Neuzeit ebenfalls selbstverständlich. Die mittelalterlichen Minnesänger, wie beispielsweise Graf Rudolf im 12. Jahrhundert, priesen in ihren Liedern immer wieder das kindliche Spiel: „Daz kint spielete und was frô.“[60]

Wiege aus Fayence, Hannoversch-Münden, 1760–1770, Museum für Kunst und Gewerbe Hamburg. Die Wiege diente nicht nur als Bett für Puppen, sondern lässt sich dank ihrer gebogenen Kufen schaukeln[61].

Johann Amos Comenius, der hier bereits im Zusammenhang mit der Kulturgeschichte der Schaukel erwähnt wurde, befürwortete in seinem berühmten Bilderbuch „Orbis sensualium pictus“ von 1658 das Kinderspiel.

Drei Mädchen spielend im Zimmer. Quelle unbekannt, o. J. (evtl. 1898). Nach einem Gemälde von Edmund Alphonse Defonte

Der Theologe, Pädagoge und Schriftsteller Johann Bernhard Basedow (1724–1790) gehörte im Zeitalter der Aufklärung zu den führenden Köpfen der Philanthropen, einer reformpädagogischen Bewegung. 1774 veröffentlichte er das „Elementarwerk“, das u. a. Grundfragen der Erziehung, die Bedeutung des Spielens einschließlich des Schaukelns behandelte. Der Kupferstecher und Grafiker Daniel Chodowiecki (1726–1801) fertigte dazu die Kupfertafeln an.

Oben: Hubert François Gravelot (1699–1773): „Jeux des enfans", je eine Abbildung mit Kindern auf Wippe und Hängeschaukel, Kupferstich, o. J. (Mitte des 18. Jahrhunderts)

Rechts: Heinrich Zille: „Schaukel hin und Schaukel her!", drei Schaukeln in vollem Schwung, jeweils mit zwei Kindern besetzt. In: Zwischen Spree und Panke. Neue Folge der Berliner Geschichten und Bilder. Carl Reissner, Dresden 1925

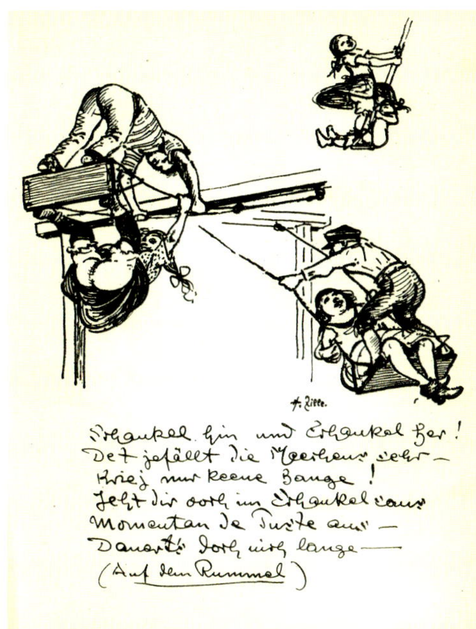

Seit Jahrtausenden schaukelten Mädchen und Jungen, wenn sie Gelegenheit dazu hatten. Während früher Mädchen auf die Rolle der Hausfrau vorbereitet wurden, übten sich Jungen in der Strategie der Kriegsführung[62]. Die Schaukel bildete eine Ausnahme, sie gehörte zu den ersten Spielgeräten, die nicht einer starken Rollenfixierung dienten.

Öffentlicher Spielplatz

Bis Anfang des 19. Jahrhunderts galt Spielen als Müßiggang und Zeitverschwendung und wurde deshalb nicht als sinnvoll angesehen. Der Einrichtung von öffentlichen Spielplätzen gingen Reformbewegungen der Pädagogik voraus. Sie bewirkten ein Umdenken dahingehend, dass das Spielen eine kindliche Lebensart und für die geistige Entwicklung bedeutend sei. Der Pädagoge Friedrich Fröbel (1782–1852) – ein Schüler Johann Heinrich Pestalozzis – richtete 1837 eine „Pflege-, Spiel- und Beschäftigungsanstalt" für Kleinkinder ein. Der „Kindergarten" war erfunden[63].
Zwar gab es immer natürliche Spielräume, diese gingen jedoch durch die fortschreitende Urbanisierung zunehmend verloren. Kinder begannen auf Straßen und Wegen sich und andere zu gefährden. 1829 wurde der erste öffentliche Spielplatz in Dresden angelegt. Als Reaktion auf die sich stärker verdichtenden Stadtgebiete in der Gründerzeit (1871–1873) legte das preußische Fluchtliniengesetz von 1875 allgemein fest, dass in Wohnungsgebieten Spielplätze vorhanden sein müssen. Ihre Existenz entwickelte sich zum positiven Standortfaktor, mit dem geworben wurde. In Hamburg wurde 1935 bei der Neugestaltung der Anlage von „Planten un Blomen" auch die Errichtung von Sportplätzen und Kleinkinderspielplätzen betont[64].

Germin: Vor den Hamburger Grindelhochhäusern 1956

Heutzutage wird unter einem Spielplatz ein Ort mit mehreren Geräten für Kinder bis etwa 12 Jahren verstanden. Diese sind häufig in dicht bewohnten Gebieten angesiedelt und durch Begrenzungen wie z. B. Zäune von umliegenden Straßen getrennt und haben deshalb Reservatcharakter. Seit Bestehen öffentlicher Spielplätze gibt es Vorgaben, die zum einen das soziale Verhalten fördern, den Spieldrang ermöglichen und Kindern einen Schonraum bieten sollen. Spielplätze müssen in Deutschland seit 1998 den europäischen Normen entsprechen. Diese regeln nicht nur die sicherheitstechnischen Anforderungen der Geräte. Sie schreiben den Abstand zwischen ihnen fest, sodass Kinder Spielbereiche erreichen können, ohne dabei z. B. in den Schwingbereich der Schaukel zu kommen. Ferner muss ein Fallschutz durch lockeres Schüttmaterial, Sand oder ähnliches Material unter Klettergeräten und Schaukeln vorhanden sein[65].

Baby in als Schaukel aufgehängter Wiege, Farblithografie, um 1900

Wiege

Das erste schaukelnde Gerät, das Kinder kennenlernen, ist die Wiege. Dennoch gibt es wenig Aufzeichnungen über ihren Ursprung. Hinweise lassen ihre Existenz schon in vormodernen Kulturen, möglicherweise in Afrika oder im Nahen Osten – der „Wiege der Menschheit" – vermuten. Die Menschen trugen in Frühzeiten – und in der heutigen Zeit auch noch in außereuropäischen Regionen – bei der Arbeit auf dem Feld das Kind bei sich. Die gleichmäßigen Auf- und Ab-Bewegungen sorgen für Geborgenheit und innere Ruhe.[66] Die Wiege ermöglicht eine Ersatzhandlung für das natürliche Tragen auf dem Schoß, in den Armen oder auf dem Rücken der Mutter[67], während sie oder andere sich selbst in Ruheposition befinden.

Puppenwiege. Das Gestell ist aus Band- und Rundeisen zusammengesetzt. Ein am Kopfende des Gestells aufsteckbarer Bügel trägt einen „Himmel" aus Baumwoll-Voile (sog. Tüpfel-Voile), 1930er-Jahre

George Cruikshank: "The Happy Family. A Quiet Hint to the Wives of England". Feder-Lithografie, 1849

Babyhüpfer

An Seilen oder am Gummiband aufgehängte Babysitze eignen sich für Kleinkinder von drei bis sechs Monaten. „Hüpfsprünge" fördern ihre motorischen Fertigkeiten.

Unten: Gitterschaukel aus gedrechselten Holzteilen, etwa 1960

Gitterschaukel

Als Nächstes werden Schaukelversuche in der Gitterschaukel unternommen. Waren die Gitterschaukeln früher aus Holz, so werden sie heutzutage aus Kunststoff hergestellt, auch lässt sich das Gerät entsprechend der Altersstufe des Kindes mehr oder weniger sichern. Unabhängig davon ist die Freude beim kleinen Eric 1975 und Linus 2009 gleichermaßen groß (Abb. S. 55 oben).

Schaukelpferd

Sehr beliebt waren und sind bei Kindern die Schaukelpferde. Im Grimm'schen Wörterbuch steht dazu: „hölzernes pferd auf schau-

kelnde kufen gestellt: sind wie die kinder auf dem schaukelpferde immer in bewegung, immer in arbeit und nimmer vom fleck."[68] Das Schaukelpferd galt als Knabenspielzeug[69], so wie früher überwiegend Männer auf dem Pferd gesessen haben.

Die ersten Spielpferde sind bereits bei den alten Griechen nachgewiesen, allerdings noch nicht auf gebogenen Kufen, sondern auf Rädern. Über die USA im 17. Jahrhundert und England im 19. Jahrhundert soll das Schaukelpferd nach Deutschland gekommen und dort erst mit Kufen unterlegt worden sein. In einer Holzspielwarenfabrik im thüringischen Ohrdruf wurde 1865 das erste

Links: Gitterschaukel aus Holz, Eric 1975

Rechts: Gitterschaukel aus Kunststoff, Linus 2009

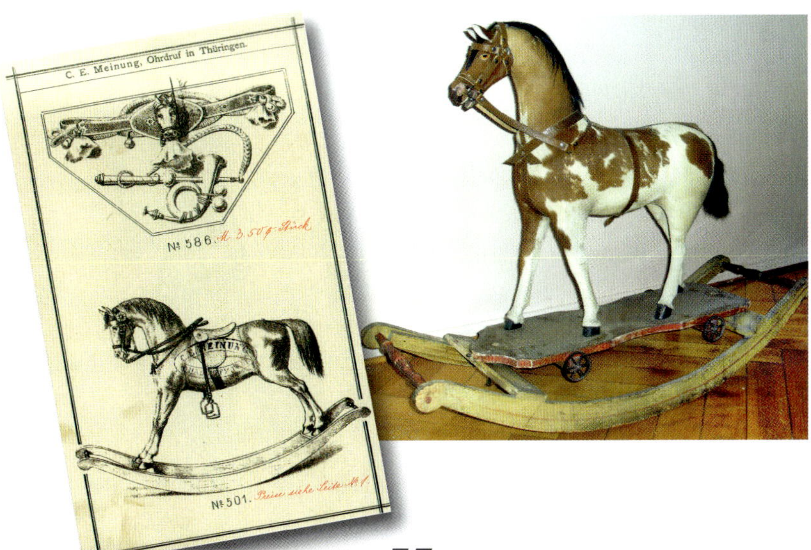

Abbildung aus dem Katalog C. E. Meinung, Ohrdruf i. Th., Fabrik von Fellthieren & Holzspielwaaren von 1891 für ein Schaukelpferd und ein Modell von 1925

Oben links: Schaukel-/Fahrpferd, gescheckt, Plüschüberzug, Zaum und Satteldecke aus Fell, Mähne aus Fell, Schweif aus Pferdehaar, Ohren aus Textil (lackiert), Maul und Hufe aus Weichholz, lackiert. Unterbau aus Nadelholz und Buche. Schaukelkufen abnehmbar (nachträglich vermutlich repariert). Räder aus Stahl und Vollgummi. Unterplatte rot gestrichen, datiert 1912/1920, Altonaer Museum

Oben rechts: Schaukelpferd Holz aus Kiefer, Kalbsleder über Rosshaarpolsterung. Die Mähne besteht aus gegerbter Wildschweinschwarte mit schwarzen Borsten, der Schweif aus hellen Hausschweinborsten. Alsen bei Sonderburg (Dänemark), um 1840, Altonaer Museum

Unten links: Schaukelpferd aus Holz in Naturfarben, Gestell teilweise in Rot, Altonaer Museum

Unten rechts: Hölzernes Schaukelpferd in den Farben schwarz, gelb und orange, Deutschland, ca. 1960, Altonaer Museum

Schaukelpferd auf Kufen hergestellt. Die Ohrdrufer sind sich dessen bewusst und bezeichnen den Ort als „Wiege des legendären Schaukelpferdes“ [70]. Noch heute werden dort Pferde auf die gleiche Art produziert, wie es zur Zeit des Spielzeugherstellers Carl Eduard Meinung geschah. Sowohl Pferdchen auf Rollen als auch auf Kufen wurden gebaut. Lediglich das Ausstattungsmaterial wurde zeitgemäßen Veränderungen unterworfen[71].

Schiffschaukel als Blechspielzeug. Nach altem Vorbild gefertigt, mit vier Schiffen. Ende des 20. Jahrhunderts

Riesenrad. Blechspielzeug nach altem Muster handgearbeitet. Tucher und Walther, Nürnberg , 1995

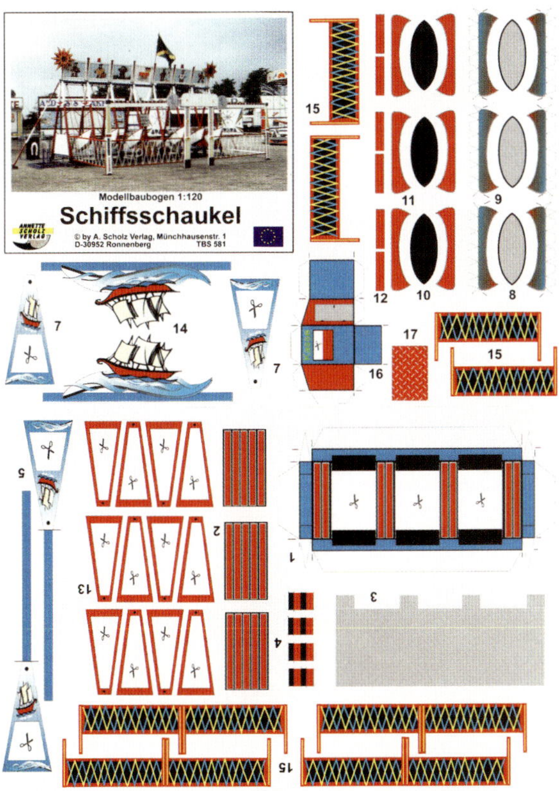

Modellbaubogen für eine Schiffschaukel

Schultüte in blauer Grundfarbe mit Buchstabenbaum. U. a. schaukelndes Mädchen an einem Trapez und ein Junge in der Hängematte, um 1965

Eine moderne Variante von Schaukelpferden befindet sich heutzutage auf Kinderspielplätzen. Die Bewegung ermöglicht eine große Feder, die in ein Fundament eingelassen ist.
Die Beliebtheit des Schaukelns spiegelt sich auch in zahlreichen Spielzeugen und Bastelanleitungen für Schaukeln wider.

Die Schaukel in der Kinder- und Jugendliteratur

Im Spiel lernt das Kind mit angeborener Neugierde und Lust sich selbst kennen, dabei erforscht es sein Umfeld und baut zunehmend seine Rolle in der Gesellschaft aus. Spiele dienen dem Vergnügen und der Zerstreuung. Bewegungs-, Denk- und Rollenspiele besitzen positive Nebeneffekte: Das Gleichgewichtsorgan, die Muskeln und die Gehirntätigkeit werden angeregt; zusätzlich fördern sie im Zusammenwirken mit anderen das soziale Bewusstsein. Für das Kind ist das Schaukeln wohl deshalb so anregend, weil es Spannung und Entspannung zugleich erzeugen kann, je nachdem, welche Höhe angestrebt wird.
Die Kinder- und Jugendliteratur ist eine jüngere Erscheinung. Sie greift Themen aus der Lebenswelt und Perspektive des Kindes auf. Bis weit in die Neuzeit hinein waren die meisten Menschen Analphabeten. Die ersten Bücher waren hauptsächlich Bibeln und Gesangbücher; von kindergerechter Lektüre konnte keine Rede sein. Ab etwa dem 16. Jahrhundert waren die mündlich überlieferten Märchen sehr beliebt, die schließlich vom 19. Jahrhundert an gesammelt und schriftlich festgehalten wurden. Diese Aufzeichnungen wurden vor allem von den Brüdern Grimm, Francisco Straparola, Gabrielle-Suzanne Villeneuve und Charles Perrault für Kinder aufbereitet.
Das erste Buch mit eigenem pädagogischen Anspruch – das „orbis sensualibum pictus“ (die sichtbare Welt) von Johann Amos Comenius (1592–1670) – galt bis ins 19. Jahrhundert als Vorbild für Literatur, die den Kindern die reale Welt erklären wollte. Ab Mitte des 18. Jahrhunderts erschienen Hefte mit Gebeten und illustrierten Buchstaben, die als ABC-Bücher populär wurden.

Im Zeitalter der Aufklärung befasste man sich zunehmend mit Kindererziehung und -literatur. Die ersten kindgerechten Bücher erschienen. Das bekannteste aus dieser Zeit dürfte „Robinson der Jüngere“ von Joachim Heinrich Campe, eine für Kinder und Jugendliche bearbeitete Version von Daniel Defoes „Robinson Crusoe“, sein. Etwa zur gleichen Zeit plädierte Jean-Jacques Rousseau in seinem Werk „Emile“ neben der körperlichen Ertüchtigung auch für einen leichteren Zugang zur Lektüre für Kinder. Noch überwog in diesen Büchern die Vermittlung von moralischen Werten; Fantasie- und Abenteuergeschichten wurden erst ab Mitte des 19. Jahrhunderts als Kinderliteratur akzeptiert.

Das Buch „Struwwelpeter“, das der Arzt Heinrich Hoffmann (1809–1894) 1844 für seinen dreijährigen Sohn geschrieben hatte, gefiel nicht nur diesem und allen weiteren beschenkten Kindern, sondern auch Erwachsenen. Die meist überzogenen Geschichten mit vielen Tabubrüchen, z. B. der an einem Esstisch schaukelnde

Schaukelnde Kinder aus Basedows Elementarwerk, Chodowiecki. 18. Jahrhundert. Original Kupferstich, um 1774

Der Struwwelpeter oder lustige Geschichten und drollige Bilder für Kinder von 5–6 Jahren. Jubiläumsblatt zur hundertsten Auflage (242. Auflage) und Zappel-Phil, Hoffmann, Heinrich. Die Geschichte v. Zappel-Philipp

Zappelphilipp, diente zwar wie die zuvor erschienenen Kinderbücher der Belehrung und indirekten Vermittlung von ethischen Werten. Doch er hatte eine unkonventionelle Methode gefunden; diesen Ansatz und die Gleichwertigkeit von Text und Bild nahmen die Leser in seinem Freundes- und Bekanntenkreis begeistert auf. Der befreundete Verleger Zacharias Löwenthal konnte Heinrich Hoffmann schließlich 1845 zu einer Veröffentlichung bewegen. 1847 gab es bereits die 4. Auflage. Bei aller Beliebtheit ist das Buch nicht unumstritten: Die harten Strafen und teilweise brutale Szenen wie mit der Schere abgeschnittene Daumen und brennende Mädchen regten zum Widerspruch an[72].

Heutzutage ist die Kinder- und Jugendliteratur breit abgedeckt: Sie reicht von einfachen Bilderbüchern mit Begriffserklärungen für (Klein-) Kinder bis hin zu Geschichten mit und ohne „erhobenen Zeigefinger“, Reimgedichten und Lyrik, Kriminal-, Science-Fiction-, Historien- und Liebesromanen, Erzählungen mit alterstypi-

Fürs Kinderauge und Kinderherz. 24 Blatt Farbdruckbilder nach Aquarellen von Marie Beeg, darin: Die verunglückte Schaukelpartie. Emil Hänselmann's Verlag, Stuttgart 1887

schen Krisen während des Erwachsenwerdens bis hin zu Sachthemen. Schulbücher ergänzen – allerdings mit anderer Intention – dieses Angebot.
Die Schaukel ist bei Kindern besonders beliebt und kommt vor allem in Bilder- oder Kinderbüchern vor. Später bewegen sich Jugendliche in einem Umfeld, das sich außerhalb des Gartens oder Spielplatzes befindet. Sie verlieren das Interesse an der Schaukel, die dementsprechend literarisch zunehmend in den Hintergrund tritt.

Oben: Paul Konewka (Hg.): Schattenbilder. Mit neuen Versen von F(erdinand) A(venarius), Callwey, München 1907

Gerdi Schamp: Blütencollage zum unsichtbaren Königreich von Volkmann-Leander. Himmelsprinzessin zwischen Sternblüten, 1995.

Rechts: Für Dich. Ein Jahrbuch für Mädchen. Jahrgang 3. Gütersloh: Bertelsmann Verlag, 1958/1959. Auf dem Schutzumschlag lesendes Mädchen auf der Hollywoodschaukel.

Russian Carnival. Kolorierter Stahlstich, 1794

Schaukelgeräte auf Volksfesten und im Zirkus

Auf dem Hamburger Dom oder auf Jahrmärkten werden Schaukeln von der Ursprungsform abweichend „im Großformat" von Kindern und Erwachsenen gleichermaßen gerne genutzt. Erste Volksfeste mit Schaukeln soll es bereits Anfang des 18. Jahrhunderts gegeben haben. Eine Darstellung eines unbekannten Malers von 1709 zeigt ein Fest mit verschiedenen „Belustigungen", das die Dresdener Hofgesellschaft ausgerichtet hatte[73]. Zu sehen sind unter anderem eine Schaukel, ein Karussell und eine Schiffschaukel. Fortan waren auf Jahrmärkten und Festen immer wieder Schaukeln oder aus ihnen hervorgegangene Geräte zu bewundern, zunächst nur Karusselle und Russische Schaukeln. Heute noch geläufig ist das Riesenrad, das eine Weiterentwicklung der Russischen Schaukel ist. Die Vergnügungsschaukeln und deren Vorgänger, die Schiffschaukeln, sind nicht mehr so stark verbreitet. Die Brett- oder Italienische

Schaukel gehört dagegen schon der Vergangenheit an. Insbesondere das Riesenrad, die Schiff- und Vergnügungsschaukel nahmen gewerbliche Dimensionen an. Der Aufwand für den Aufbau, die Beachtung von Sicherheitsvorkehrungen, Betriebs- und Personalkosten, Werbekosten und vieles mehr fordern ihren Tribut: Mutige Menschen mit Drang nach etwas Höherem müssen für fünf oder zehn Minuten Vergnügen in der Luft einen Eintritt zahlen.

Riesenrad

Brian Fitzgibbon (geb. 1952, lebt seit 1974 in Hamburg): „Dom". Holzschnitt, um 1990. Rummelplatzszene mit Kettenkarussell und Riesenrad

Eines der bekanntesten Riesenräder ist das 1897 erbaute im Wiener Prater, das im Gegensatz zu Modellen auf dem Dom oder Jahrmarkt stationär und nicht transportabel ist. Es besitzt einen Durchmesser von beinahe 61 Metern. Riesenräder, deren Sockel in der Erde tief einbetoniert sind, können einen größeren Durchmesser nutzen als transportable. Einen neuen Rekord wollte man 2010 mit einem 200 m hohen stationären Riesenrad in Peking aufstellen. Doch dieses ehrgeizige Projekt musste aus hier nicht bekannten Gründen begraben werden, ebenso das für den Berliner Tierpark geplante 175 m hohe „Great Wheel", das 2011 mit einer großen Einweihungsfeier der Öffentlichkeit zugänglich gemacht werden sollte. Während die ersten transportablen Exemplare um die Wende des 19./20. Jahrhunderts einen Durchmesser von 12 Metern hatten, sind heutzutage bis zu 60 Meter möglich.

Vorläufer des Riesenrads war die Russische Schaukel, wobei nicht belegt ist, dass der Ursprung dieses Konstrukts tatsächlich aus Russland stammt; allenfalls sollen in früheren Zeiten Reisende

„Russische Schaukel /Aus dem wiener Leben: Im Wurstelprater. Nach Zeichnungen von L. v. Elliot". Aus: Illustrirte Zeitung, 1873

von dort Schaukeln dieser Art häufig beschrieben haben. Auch aus dem Vorderen Orient und aus Bulgarien sind Beschreibungen dieser Art nachgewiesen, ja sie sind sogar mit der Datierung um 1620 noch älteren Datums[74]. Mit der Russischen Schaukel wurden erstmalig mindestens vier Personen nicht nur hin und her geschaukelt, sondern zugleich auf einer Kreisbahn senkrecht durch die Luft befördert. An dem dafür konstruierten Drehkreuz war an den vier Enden jeweils ein beweglicher Sitz für ein oder zwei Personen angebracht. Das Riesenrad besitzt kaum noch Ähnlichkeiten mit der Russischen Schaukel; gemeinsam ist lediglich, dass die Menschen

„Schauckelspiele im Prater (Vienne) Escarpolettes au Prater", mit Russischer und Schiffschaukel. Kolorierter Kupferstich, um 1800

in vertikaler Kreisbahn durch die Luft verfrachtet werden. Mit einem Riesenrad können sehr viel mehr Menschen gleichzeitig und vor allem viel höher hinauf gelangen und bei schönem Wetter eine wunderbare Aussicht genießen. Bei aller technischer Verbesserung ging allerdings etwas ganz Wesentliches verloren: Es kann dabei nicht mehr aktiv geschaukelt werden! [75]

Reklameblatt für Riesenrad „Gigant". Übleis-Schaustellerbetriebe, mit Aufstellmaßen. Oktoberfest auf den Sülzwiesen. Lüneburg, 1994

Schiffschaukel

Zeitgenössische Kupferstiche dokumentieren die ersten Schiffschaukeln anfangs des 19. Jahrhunderts. Als Sitz- oder Stehplattform hängt die Nachbildung eines Schiffes an einer Stahlkonstruktion. Schiffe sollten das Gefühl von Seefahrt vermitteln, wahlweise wurden auch „Pferde zum Reiten" angeboten. Sowohl die „echte" Seefahrt als auch das Reiten konnte sich das „einfache Volk" früher nicht leisten, sodass es sich wenigstens auf dem „Rummel" eine Ersatzbefriedigung verschaffen konnte. Kein Fahrgeschäft sei symbolträchtiger als die Schiffschaukel, behauptet Karl Forster, Redakteur der „Süddeutschen Zeitung", und formuliert die „Liebeserklärung" eines ihrer Fans, denn das Schiff schaukelt uns wie das Leben: „Sie ist Symbol der Liebe, wenn er schaukelt und sie sitzend ihn bewundert. Sie steht für Sex – Mann mal oben, mal unten und ‚bitte jetzt nicht aufhören!' Sie ist Menetekel der Vergänglichkeit, wenn der Schaukelbursch' die Bremse reinschiebt. Und sie ist Beispiel dafür,

Schiffschaukel am Museum Kiekeberg

dass jedem Glück Leid folgt; dies spürt der Schaukler, wenn er mit heißem Oberschenkel post voluptatem zurück ins Zelt wankt“[76]. Technisch verbessert und deutlich größer war eine Vergnügungsschaukel, die 1977 zum ersten Mal auf Volksfesten zu sehen war. Bei ihr hingen an 14 Meter hohen Stahlblöcken an einer Achse nebeneinander zwei Schiffe, in der jeweils 40 Personen Platz fanden; der Ausschwingungswinkel betrug etwa 75 Grad. Bereits ein Jahr später wurden zeitgleich drei weitere Typen von verschiedenen Herstellern entwickelt. Es war wohl das bekannte Schaukelgefühl mit gleichzeitig vergrößertem Schwingkreis gewesen, das das Publikum so stark angezogen hat[77].

Brettschaukel

Die Brettschaukel, auch als Italienische Schaukel bezeichnet, gibt es heutzutage praktisch nicht mehr und sie ist deshalb wenig bekannt. Im 19. Jahrhundert war sie sehr verbreitet, vor allem in Nordosteuropa und Italien. In Deutschland trat sie wie im Süden

Schinkenspringen auf dem oberbayrischen Schützenfest im Zirkus Schumann zu Berlin. Nach Originalskizze von E. Hosang. Aus: Das Buch für Alle. Heft 15, 1907

„Ein Sonntagsmorgen in Albano. Nach einem Gemälde von Karl Blaas.“ (1879) Frauen auf einer Italienischen Schaukel. Karl Ritter von Blaas. Aus: Illustrirte Zeitung 25.9.1880

Europas überwiegend auf dem Lande auf. Sie konnte je nach Menge der zurechtgezimmerten Latten mehrere Leute aufnehmen und galt deshalb als äußerst kommunikatives Medium und wurde bei Dorffesten stark genutzt.

Kettenkarussell

Das Typische an ihm sind die an Ketten hängenden Sitze, die wiederum an einem Drehkreuz befestigt sind. Mittlerweile sind nicht nur einzelne Sitze üblich, sondern es gibt auch Elemente für mehrere Personen, die beispielsweise die Form eines Schiffes oder eines Schwans aufweisen. Erste Ketten- oder Hängekarusselle sind um 1800 nachgewiesen.[78] In der heute bekannten Ausführung sind sie seit Beginn des 20. Jahrhunderts belegt und waren bis weit in die 60er-Jahre eine hoch frequentierte Anlaufstelle auf Jahrmärkten. Ihre Funktionen wurden im Laufe der Jahre technisch weiterentwickelt, so herrschte ab 1972 eine Variante vor, bei der sich das Drehkreuz zusätzlich in Wellen bewegte.
Im Laufe der Jahre existierten auf Volksfesten sehr viele weitere Formen von Schaukeln, die aber hier nicht mehr aufgezählt werden, um beim Lesen kein Gedankenkarussell zu verursachen.

Dieter Berlepp (1915–1998): Kettenkarussell auf einem Volksfest. Lithografie/Siebdruck, 1993

Der Schauspieler und Sänger Freddy Quinn 1964 bei einem Dreh für den Film „Freddy, Tiere, Sensationen" im Zirkus Heros, Hamburg

Nicht nur im Zirkus faszinieren artistische, akrobatische Darbietungen, Tierdressuren, Clownereien und Zaubereien die Besucher bis heute immer wieder. Bildhafte Überlieferungen dokumentieren eine mehr als 3000 Jahre alte Geschichte der Artistik, deren kultureller Wert nicht immer anerkannt war. In Europa betraf dies etwa ab dem Mittelalter die umherziehenden Akrobaten, Gaukler, Feuerschlucker, Taschenspieler und Dresseure, die umgangssprachlich aber auch abwertend als „Fahrendes Volk" bezeichnet wurden und im Freien auftraten[79]. Im Verlauf der Geschichte kamen als Auftrittsorte Theater und Schaubuden dazu, bevor sich im 20. Jahrhundert das Zirkuszelt etablierte. Vereinzelt gibt es auch noch feste Gebäude wie z. B. in Riga oder Moskau. Circus Krone[80] beansprucht weiterhin eine feste Spielstätte für sich in München.

Vorreiter für den heutigen Zirkus war im doppelten Sinne Philip Astley (1742–1814). Er führte seine Reiterkünste in einem festen Gebäude vor und sorgte dafür, dass auch andere Künstler wie Seiltänzer, Akrobaten und Clowns dort auftreten konnten. Von da an institutionalisierte sich diese vielfältige Mischung als Zirkus zunehmend. In der Mitte des 19. Jahrhunderts wurden die Darbietungen um das Genre Luftakrobatik sowohl mit Trapezen, Corde Volantes oder Ringen erweitert. Deren Akteure zeigen ihre Kunststücke und Tricks ausschließlich in der Luft, sie betreten und verlassen die Manege nur zu Beginn bzw. am Ende ihrer Arbeit. Damit unterscheiden sie sich von den Artisten, die am Boden arbeiten und sich nur partiell in der Luft befinden[81].

Ein wichtiges Gerät der Luftakrobatik, das Trapez, besteht aus zwei gleich langen Seilen oder Ketten, die beispielsweise durch eine Stange verbunden sind. Es kann von einem oder mehreren Artisten gleichzeitig genutzt werden.

Der Vorläufer des Trapez', die Corde Volante (aus dem Französischen: Fliegendes Seil) wird heute kaum noch genutzt. Der Künstler schwingt an einem etwa 1,5 cm starken Seil, das so angebracht ist, dass es einen Bogen bildet. Im Kniehang oder sich mit den Händen festhaltend „fliegt" er durch die Luft und beweist seine besonderen Fähigkeiten[82].

Früher wurde der Zirkus als Familienunternehmen geführt; heute stellt dies eher die Ausnahme dar. Besonders bei den größeren Betrieben blieb nur der Name, der Tradition und Qualität verspricht, erhalten. Zirkus Busch, der chinesische Staatszirkus oder Cirque du Soleil, um drei Beispiele zu nennen, entwickelten sich zu einem Teil der globalen Unterhaltungsindustrie.

Schaukelgeräte als Wohnkultur

Nicht alle Versuche, Schaukeln in Möbelform langfristig zu etablieren, gelangen. Kinderschaukelstühle und Zimmerschaukeln blieben ebenso wie die Schwingsessel in den 1960er- bis 80er-Jahren eine Modeerscheinung. Rich-

„Für die Kinder nur das Beste. Ein neuer, kombinierter Kinder-Schaukel- u. Spielstuhl". Postwurfreklame für ein Möbelstück, eine Kombination aus Schaukelstuhl und Pferd, 1907

tig Fuß fassen konnten in der Wohnkultur der Schaukelstuhl für Erwachsene und die Hollywoodschaukel.

Federnde Zimmerschaukel, Reklameanzeige der Holzwaarenfabrik Hildburghausen. Aus: Zeitschrift unbekannt, o. J. (um 1894)

Schaukelstuhl

Der Urtyp des Schaukelstuhls soll aus der Zeit nach 1620 stammen, als die Pilgrim-Siedler nach ihrer Atlantik-Übersiedlung aus England in der Kolonie Plymouth, dem heutigen Massachusetts in den USA, ansässig wurden. Der Gründervater der Vereinigten Staaten von Amerika und Erfinder des Blitzableiters, Benjamin Franklin (1706–1790), soll eine drehbare Version des Schaukelstuhls erfunden haben, wofür es allerdings keine zuverlässigen Quellen gibt. Immerhin ist erwiesen, dass er sich 1780 einen Armlehnstuhl auf Rollen baute.

Einen Klassiker baute 1860 Michael Thonet (1796–1871), der weltweit als ein Pionier des Möbeldesigns gilt, mit dem „Schaukelstuhl No. 1“. Die beiden Seiten des Stuhls bestehen aus über heißem Wasserdampf gebogenen Rundstäben aus Buche, denen durch zusätzliche geformte Stäbe mehr Stabilität verliehen wird. Dazwischen befinden sich zwei Rahmen, die mit dem darübergespannten Rohrgeflecht eine Sitzfläche und Rückenlehne ergeben.

Michael Thonet: Schaukelstuhl No. 1, 1860

Für die Firma Thonet, die heute in fünfter Generation das Geschäft weiterführt, entwarf 1971 der Designer Ulrich Böhme einen modernen Schaukelstuhl, den S 826, der sich an der berühmten „No. 1“ orientierte[83]. Bei diesem Stuhl handelt es sich um eine Neuinterpretation des klassischen Bugholz-Schaukelstuhls von No. 1 und er zählt zu den wenigen Schaukelstühlen aus Stahlrohr, der zudem

durch seinen federnden Komfort und seine zeitlose, schlichte Form überzeugt.
Ein prominenter Fan des Schaukelstuhls war der amerikanische Präsident John F. Kennedy (1917–1963). Das Deutsche Historische Museum, das 2003 eine Ausstellung über Kennedy in Berlin zeigte, ging davon aus, dass John F. Kennedy etwa ein Dutzend Schaukelstühle in seinen verschiedenen Aufenthaltsorten besessen hatte, einen sogar in der Air Force One[84]. Nach den gewonnenen Präsidentschaftswahlen soll er auf die Frage, ob er auch seinen Schaukelstuhl ins Weiße Haus mitnehmen würde, erwidert haben: „Wo ich hingehe, geht er mit!“ Kennedy litt wegen Osteoporose unter Rückenbeschwerden und trug deswegen ein Korsett. Der Schaukelstuhl erleichterte ihm das Sitzen. Dies dürfte der Grund für seine Sammlung sein. In einem Brief an den Herausgeber der New York Times schrieb er: „Sie werden sich erinnern, was Senator Dirksen über den Schaukelstuhl gesagt hat – er vermittelt einem das Gefühl der Bewegung, jedoch ohne das der Gefahr“. Für

Ulrich Böhme, Thonet-Schaukelstuhl, 1971

Senator John F. Kennedy in seinem Senatsbüro, August 1959

politische Kritiker hatte Kennedys Schaukelstuhl Symbolkraft: Er bewege sich und scheue politische Gefahren bzw. gelange doch nirgendwo hin[85]. Nach seinem Tod erzielte einer der Schaukelstühle beim Verkauf einen Preis in Höhe von 96.000 Dollar[86].

Hollywood-Schaukel

Bei der Hollywood-Schaukel, diese Bezeichnung setzte sich erst später durch, handelt es sich um eine überdachte und gepolsterte Gartenbank, die aufgrund ihrer Hängekonstruktion zum Schwingen gebracht werden kann. Sie soll bereits 1909 in England erhältlich gewesen sein, bekannter wurde sie aber in Deutschland erst in den 60er-Jahren des 20. Jahrhunderts. Über die Namensfindung dieser Schaukelart lässt sich nur spekulieren. Mutmaßlich dienten dazu Szenen in amerikanischen Filmen (beispielsweise in „Die oberen Zehntausend" von 1956), die in Hollywood gedreht wurden und bei der Verbreitung der Bezeichnung eine wesentliche Rolle gespielt haben. Mit dem Namen konnte eine schnelle Assoziation mit der neuen Welt und dem „american way of life" geweckt werden.[87]

Spielzeug-Hollywoodschaukel mit orange-weiß-gestreifter Bespannung und weißem Drahtgestell. 1950er-Jahre

Links: Zweiteiliger Wandschirm mit einem Schaukelmotiv aus der Zeit des Barock/Rokoko, Antoine Watteau (1684–1721), Jean-Honoré Fragonard (1732–1806), Anfang des 20. Jahrhunderts

Mitte: Ofenschirm/Paravent mit Watteau-Motiv, einteilig, geschnitzter Holzständer mit Gobelinfüllung, Wien, um 1900

Rechts: Ein Überhandtuch im Jugendstil: Motiv einer jungen Dame auf einer Hängeschaukel, mit der Aufschrift „Guten Morgen". Früher waren mehrere Küchenhandtücher, die jeweils für Gläser, Besteck und Geschirr getrennt genutzt wurden, auf einem sog. Überhandtuchhalter zum Trocknen aufgehängt. Das Überhandtuch diente zum Verbergen der Küchenhandtücher. Aus Damast, ungewaschen, mit Monogramm „F. M.", um 1900

Weitere Möbel mit Schaukelmotiven

Es gibt neben den Möbeln, die ein wohliges Wippgefühl erzeugen, unendlich viele Wohnaccessoires, die Schaukelmotive darstellen, beispielsweise Paravents oder Küchentücher.

Die Wellenbadschaukel [88]

In der zweiten Hälfte des 19. Jahrhunderts lebte das Interesse für die Wasserkur wieder auf. Zwar kannten die alten Inder, Ägypter und Römer die Vorteile der Wasserkur, aber im Mittelalter galt die

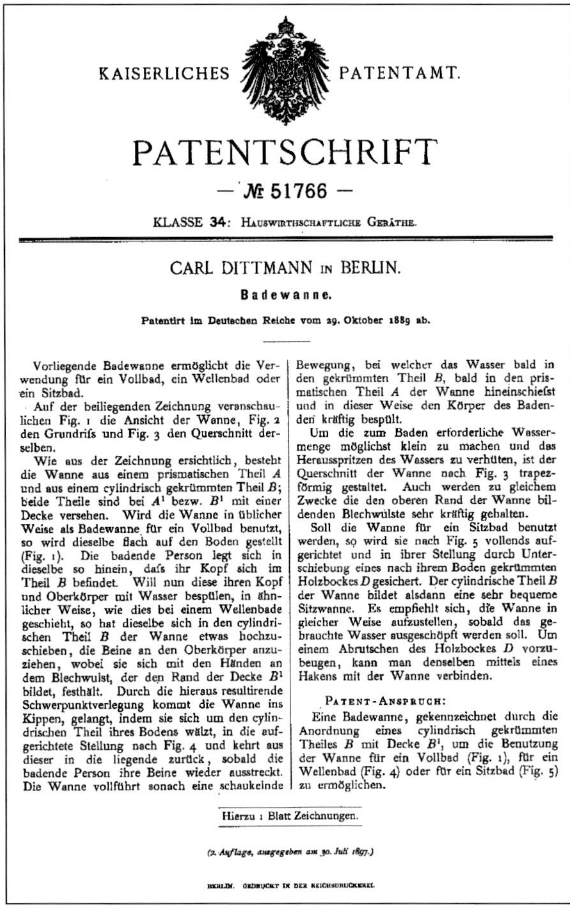

KAISERLICHES PATENTAMT.

PATENTSCHRIFT

— № 51766 —

KLASSE 34: Hauswirthschaftliche Geräthe.

CARL DITTMANN in BERLIN.

Badewanne.

Patentirt im Deutschen Reiche vom 29. Oktober 1889 ab.

Vorliegende Badewanne ermöglicht die Verwendung für ein Vollbad, ein Wellenbad oder ein Sitzbad.

Auf der beiliegenden Zeichnung veranschaulichen Fig. 1 die Ansicht der Wanne, Fig. 2 den Grundrifs und Fig. 3 den Querschnitt derselben.

Wie aus der Zeichnung ersichtlich, besteht die Wanne aus einem prismatischen Theil *A* und aus einem cylindrisch gekrümmten Theil *B*; beide Theile sind bei A^1 bezw. B^1 mit einer Decke versehen. Wird die Wanne in üblicher Weise als Badewanne für ein Vollbad benutzt, so wird dieselbe flach auf den Boden gestellt (Fig. 1). Die badende Person legt sich in dieselbe so hinein, dafs ihr Kopf sich im Theil *B* befindet. Will nun diese ihren Kopf und Oberkörper mit Wasser bespülen, in ähnlicher Weise, wie dies bei einem Wellenbade geschieht, so hat dieselbe sich in den cylindrischen Theil *B* der Wanne etwas hochzuschieben, die Beine an den Oberkörper anzuziehen, wobei sie sich mit den Händen an dem Blechwulst, der den Rand der Decke B^1 bildet, festhält. Durch die hieraus resultirende Schwerpunktverlegung kommt die Wanne ins Kippen, gelangt, indem sie sich um den cylindrischen Theil ihres Bodens wälzt, in die aufgerichtete Stellung nach Fig. 4 und kehrt aus dieser in die liegende zurück, sobald die badende Person ihre Beine wieder ausstreckt. Die Wanne vollführt sonach eine schaukelnde Bewegung, bei welcher das Wasser bald in den gekrümmten Theil *B*, bald in den prismatischen Theil *A* der Wanne hineinschiefst und in dieser Weise den Körper des Badenden kräftig bespült.

Um die zum Baden erforderliche Wassermenge möglichst klein zu machen und das Herausspritzen des Wassers zu verhüten, ist der Querschnitt der Wanne nach Fig. 3 trapezförmig gestaltet. Auch werden zu gleichem Zwecke die den oberen Rand der Wanne bildenden Blechwülste sehr kräftig gehalten.

Soll die Wanne für ein Sitzbad benutzt werden, so wird sie nach Fig. 5 vollends aufgerichtet und in ihrer Stellung durch Unterschiebung eines nach ihrem Boden gekrümmten Holzbockes *D* gesichert. Der cylindrische Theil *B* der Wanne bildet alsdann eine sehr bequeme Sitzwanne. Es empfiehlt sich, die Wanne in gleicher Weise aufzustellen, sobald das gebrauchte Wasser ausgeschöpft werden soll. Um einem Abrutschen des Holzbockes *D* vorzubeugen, kann man denselben mittels eines Hakens mit der Wanne verbinden.

Patent-Anspruch:

Eine Badewanne, gekennzeichnet durch die Anordnung eines cylindrisch gekrümmten Theiles *B* mit Decke B^1, um die Benutzung der Wanne für ein Vollbad (Fig. 1), für ein Wellenbad (Fig. 4) oder für ein Sitzbad (Fig. 5) zu ermöglichen.

Hierzu 1 Blatt Zeichnungen.

(2. Auflage, ausgegeben am 30. Juli 1897.)

BERLIN. GEDRUCKT IN DER REICHSDRUCKEREI.

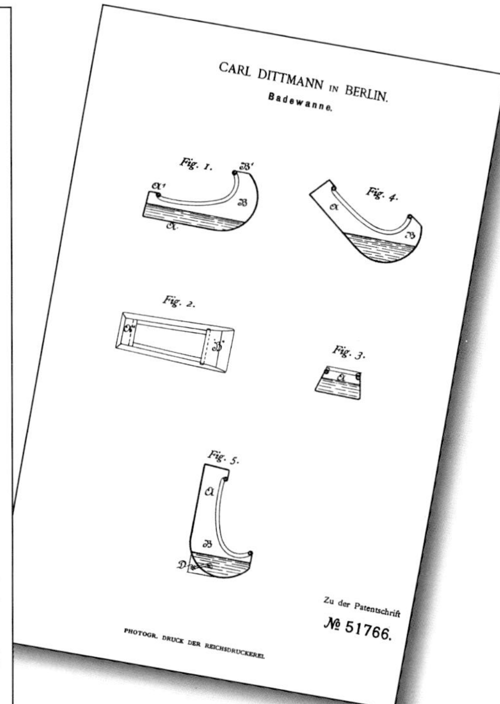

Wellenbadschaukel, Patent, 1889

Reinlichkeit u. a. durch den Einfluss mönchischer Askese als purer Luxus[89]. Das änderte sich wieder im 18. Jahrhundert, als sich das Wissen um die heilende Wirkung von Kalt- und Warmwasseranwendungen als „Abwaschungen" bzw. „Abreibungen" und als Voll-, Halb-, Sitz- und Fußbad[90] wieder verbreitete. In Deutschland setzte sich im Laufe der Zeit der persönliche Maßstab durch, sich einmal pro Woche ein Reinigungsbad zu gönnen. Jedoch war noch Ende des 19. Jahrhunderts der weitaus größte Teil der Bevölkerung auf Badehäuser angewiesen. Das Angebot reichte nicht aus, 1895 hätten noch dreißig Mal so viele Badehäuser vorhanden sein müssen, um jeden Einwohner einmal pro Woche in den Badegenuss kommen zu lassen. Gleichzeitig kamen 1903 auf etwa 100.000 Einwohner im Schnitt 37 Badewannen[91]. Vor diesem Hintergrund erstaunt es nicht weiter, dass viele neue Erfindungen wie Pilze aus dem Boden schossen. Sie sollten einerseits das „Naturgefühl" – die Empfänglichkeit für das Schöne und Natürliche – unterstreichen und andererseits dem steigenden Komfortbedürfnis Rechnung tragen. Eine dieser Neuschöpfungen war die Wellenbadschaukel im ausgehenden 19. Jahrhundert. Mit ihr konnte der Badende sitzend oder liegend die Wanne so bewegen, dass durch seine Aktivität Wasserwellen entstanden. Heute würde man von einem „Whirlpool mit Muskelkraft"[92] sprechen.

1879 ließ der Erfinder C. Joos eine Metallwanne patentieren, die darunter abgerundete Kufen hatte. In seinem Deutschen Reichs-Patent 8592 betont der Erfinder, dass man damit schaukeln könne. In der Folge erschienen weitere Patente für mehr oder weniger bewegliche Badewannen[93].

Den Durchbruch erlebte aber ab 1889 Carl Dittmann aus Berlin mit seiner „C. F. L. Dittmann's Wellenbad-Schaukel. Deutsches Reichs-Patent 51766".

Mit dieser Wanne war sparsamer Wasserverbrauch garantiert, denn zum einen wurden nur zwei bis vier Eimer, d. h. ca. 25 bis 40 Liter verbraucht, zum anderen wurde sie als „Universalbadeapparat", nämlich als Kinder-, Sitz-, Dampf- oder Vollbad gepriesen, ferner konnte sie in einer Zimmerecke abgestellt werden, war also sehr platzsparend, und nicht zuletzt galt sie als gesundheitsfördernd; der Blutkreislauf soll dabei angeregt werden und man sich nach dem Baden ausgesprochen verjüngt fühlen. Obwohl Carl Dittmann bereits bis 1894 über 9000 Dittmann's Wannen verkauft hatte, verkaufte er das Patent an die Berliner Firma „Moosdorf & Hochhäusler". Otto Moosdorf

Wellenbadschaukel von Moosdorf & Hochhäusler, Ende des 20. Jahrhunderts

Reklameanzeige von Moosdorf & Hochhäusler für die Wellenbadschaukel. Beiblatt der Fliegenden Blätter 1897. „Das musikalische Wellenbad oder wie sich der Opernsänger Tenorini das ihm unangenehme Clavierspiel des Fräuleins im oberen Stock ...“

Reklameanzeige für Dittmann's Wellenbadschaukel mit „Stimmen aus dem Publicum“ (typische Volksvertreter – Arzt, Leutnant, Dame, Landwirt und kleines Mädchen). Zeichnung: Gaillard. Aus: Illustrirte Zeitung, Leipzig und Berlin. 13. Juli 1895. Nr. 2715. Bd. 105. I

Rechte Seite: Groß-Reklameanzeige für die Wellenbadschaukel auf der Titelseite. „Triumphzug. Dittmann's Wellenbadschaukel“, darunter Abbildung von Aesculap, der einen Zug von Männern in verschiedenen Landeskleidern mit bekränzter Wellenbadschaukel anführt. Zeichnung: Hoffmeyer. Aus: Illustrirte Zeitung, Leipzig u. Berlin. 10. August 1895. Nr. 2719. Bd. 105

verlagerte 1896 sein Sanitätswerk in den damals stark expandierenden Berliner Gemeindebezirk Treptow, in dem er in den folgenden Jahren als Gemeindevertreter auch stark engagiert war[94]. Wissend, dass zu einer erfolgreichen Vermarktung eine entsprechende Werbung und zahlreiche Verkaufsmöglichkeiten gehören, startete die Firma eine der ersten großen Reklamekampagnen in Deutschland. In illustrierten Zeitungen platzierte sie ganzseitige Anzeigen und in anderen „Journalen“ wurden kleinere Annoncen geschaltet. Die

Illustrirte Zeitung

Nr. 2719. 105. Bd. Erscheint regelmäßig jeden Sonnabend. Einzelpreis einer Nummer 1 Mk. Leipzig und Berlin. Preis vierteljährlich 7 Mk. = 4 Fl. 35 Kr. ö. W. Mit Kreuzbandporto 9 Mk. 25 = 5 Fl. 80 Kr. ö. W. Fürs Ausland 10 Mk. 75 Pf. 10. August 1895.

Triumphzug.

Triumph! Die Wahrheit hält den Sieg, das Gute herrscht auf Erden,
Drückt lange auch die Finsterniß, Tag muß es endlich werden;
Das Bessere ist, so war es stets, ein strenger Feind des Guten.
So schlug die Wellbadschaukel auch die tück'schen Meeresfluthen.
Auf unserer Schulter ruht sie stolz, die alle wird entzücken,
Die schon so viele hat erquickt, wir tragen sie auf dem Rücken.

Zu uns ist schnell sie hergeeilt in frohem Siegesfluge,
Wir geben's weiter, Aesculap geht selbst voran dem Zuge.
Die Sonne sieht so freundlich drein, grad' so als wollt' sie meinen:
Wo solche kühle Labung winkt, da mag ich ruhig scheinen.
Triumph, Ihr Freunde! Hoch den Blick, wie leuchten Euere Mienen!
Ja freilich ist's ein stolz Gefühl, der Menschheit Wohl zu dienen.

Dittmann's Wellenbadschaukel, D. R.-P. 51766, vereint in sich die wichtigsten Badeapparate; sie bietet ein Voll-, Halb-, Sitz-, Kinder- und Dampfbad, sowie das nervenstärkende Wellenbad. Durch äußerst sinnreiche, ganz dem Körper angepaßte Bauart wurde ein Apparat geschaffen, der selbst im beschränkten Raum Platz findet und zufolge seiner Herstellung aus verzinktem Flußstahlblech fast unverwüstlich ist. — **Preis**, für eine Körpergröße bis 175 cm, incl. Verpackung **42 Mark. Dampferzeuger 10 Mark.** **Moosdorf & Hochhäusler,** Berlin 124, Kommandanten-Straße 60.

Alleiniger Fabrikant für Oesterreich-Ungarn: **Carl Becker, Wien V,** Traubengasse e. [(1252)

Herr Sanitäts-Rath Dr. Mylius, Rathenow, schreibt am 28./5. 95: Gern bescheinige ich Ihnen, daß die mir von Ihnen seiner Zeit gelieferte Wellenbadschaukel überaus praktisch ist und dasjenige, was sie versprochen hat, in vollem Umfange hält. Dieselbe ist nicht allein als einfache Badewanne für Erwachsene und Kinder zu gebrauchen, sondern auch in medikamentöser Richtung hin sehr werthvoll, indem sie im Stande ist, Bäder mit medikamentösen Zusätzen zu vermitteln und durch die Schaukelbewegungen einen der Seewelle ähnlichen Wellenschlag zu erzeugen, der der Wirkung eines kräftigen Seebades ähnlich ist. Außerdem ist die Leichtigkeit der Bad-Bereitung durch die geringe Menge Wasser, die besonders bei Schaukelbewegung erforderlich ist, in den Fällen von großem Nutzen, wo bei wenig Bedienung oder bei höher gelegenen Wohnungsverhältnissen es darauf ankommt, schnell und mit wenig Mühe ein Bad zu bereiten. Ich habe in meiner Praxis Ihre Wellenbadschaukel vielfach empfohlen und sie überall loben hören, wo sie angeschafft worden ist.

Herr Prem.-Lieut. Bandow, Thorn, schreibt am 1./5. 95: Ich bin mit der Wellenbadschaukel außerordentlich zufrieden und froh, keinen heizbaren Badeapparat bestellt zu haben.

Herr Dr. Schlesinger, prakt. Arzt, Langendorf, schreibt am 1./6. 95: Ihre Wellenbadschaukel ist ein durchaus praktischer Apparat. Er vereinigt alle Vorzüge, welche man füglich an einen Badeapparat stellen kann. Das Wellenbad ist angenehm und meines Erachtens der Gesundheit viel dienlicher als Bäder, die man im Hause durch irgend welche andere Apparate herstellen kann. Außerdem läßt sich die Wellenbadschaukel leicht bedienen und sieht — wenigstens im lackirten Zustande — sehr gut aus.

Herr Dr. R. Becker, Darmstadt, schreibt am 31./5. 95: Mit der von Ihnen bezogenen Badeschaukel bin ich vollkommen zufrieden. Sie ist bis jetzt zu Sitz-, Halb- und Wellenbädern verwendet worden.

Herr Professor Dr. A. Klapp, Parchim, schreibt am 31./5. 95: Die von Ihnen im April d. J. bezogene Wellenbadschaukel hat mir, der ich an der Influenza schwer erkrankt war, vortreffliche Dienste geleistet. Meine Genesung wurde durch ihre Benutzung wesentlich gefördert, davon bin ich fest überzeugt. Allerdings war ich anfangs so schwach, daß ich die Schaukelbewegung nicht selbst hervorbringen konnte. Bei zunehmender Kräftigung lernte ich dies jedoch leicht. Jetzt, nach meiner völligen Wiederherstellung benutze ich die bequeme Wanne täglich mit großem Vergnügen, ebenso meine ganze Familie.

Herr Dr. Schiemer, Mülhausen i. E., schreibt am 18./6. 95: Ihre Wellenbadschaukel hat sich als recht brauchbar erwiesen, da das Wellenbad sehr angenehm ist und sich wegen der damit verbundenen Gymnastik den Extremitäten als sehr nützlich erweist.

5Reklameanzeige für die Wellenbadschaukel. Anzeige der Firma Moosdorf & Hochhäusler. Berlin 108. „Wellenbad. Illustrationsprobe aus der Broschüre ‚Das Wellen-Regenbad', welche kostenfrei versandt wird", 5. Mai 1900

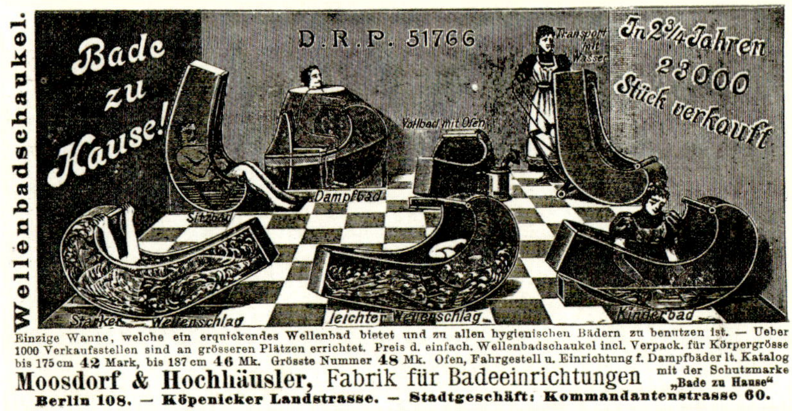

Wellenbadschaukel war als Giebelreklame, auf Theatervorhängen und Litfaßsäulen vertreten. Sie wurde als Schokolade und Kinderspielzeug nachgeformt, und Aschenbecher in ihrer Form warben mit der Aufschrift „Bade zu Hause!"[95]. Der erste Werbefilm[96] in Deutschland behandelte die Wellenbadschaukel und ein Wellenbadschaukelwalzer wurde komponiert. Die Verkaufszahlen bestätigten den Erfolg der „Pionierleistung im Reklamewesen, die die emotionalen Saiten zwischen wachsendem Gesundheitsbewusstsein und Meeressehnsucht im Gemüt der Deutschen anklingen ließ"[97]: 1897 hatten bereits 25.000 Wannen den Besitzer gewechselt, 1900 waren es 50.000 und 1912 soll die 100.000er-Marke überschritten worden sein[98].

Wellenbadschaukel als Reklameaufsteller „Bade zu Hause" von Moosdorf & Hochhäusler. Zu den beiden Seiten guckt jeweils eine andere Dame aus der Wanne. Unten steht: „Hier auseinanderbiegen und schaukeln". Innenseite ausführlich bedruckt, um 1900

Neu war, dass bei dieser Werbung nicht nur das Produkt, sondern auch Menschen mit abgebildet waren: Etwa 1890 ein badender Mann, ab 1895 Mütter, die ihre Kinder badeten, es folgte als erstes weibliches Wesen eine Nixe und 1896 die erste „echte" Dame. Mit dieser Kombination sollte offensichtlich eine stärkere Identifizierung mit dem Angebot erreicht werden. Diesem Ziel diente ebenfalls die einsetzende Be-

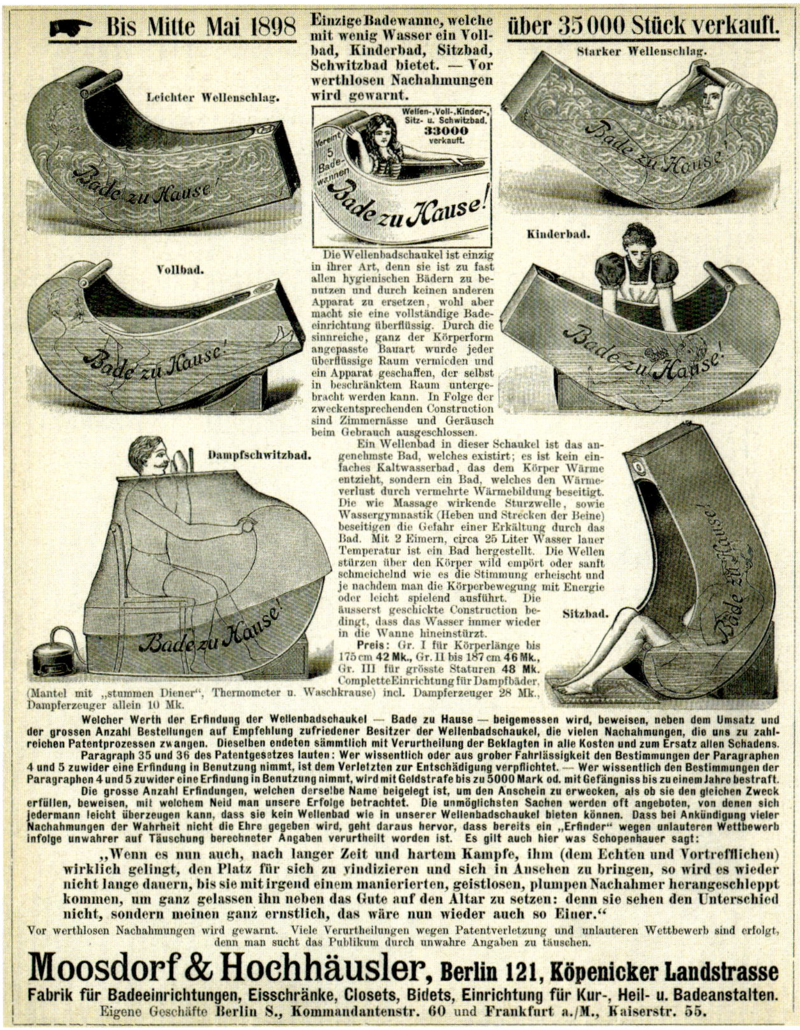

Reklame-Anzeige. „Bis Mitte Mai 1898 über 35 000 Stück verkauft“. Ganzseitige Anzeige der Firma Moosdorf & Hochhäusler im Beiblatt der Fliegenden Blätter. München, 8. Juli 1898, Nr. 2763, 109. Band

tonung von Firmenmarken, deren Namen einprägsamer und zunehmend werbewirksamer als die bis dahin genannten Patentnummern waren. Einen höheren rechtlichen Stellenwert besaßen jedoch weiterhin patentierte Produkte[99].

Die Wellenbadschaukel galt als äußerst vielseitig: Die häusliche Wanne versprach Seebadersatz, war durch das Schaukeln besonders gesundheitsfördernd, sparsam im Wasserverbrauch und der

Heizenergie und sehr vielseitig verwendbar: als Wellen-, Voll-, Dampfschwitz-, Kinder-, Sitz- und Fußbad. Und angeblich war „Nässe im Zimmer (...) dabei ausgeschlossen“! (Aus: Illustrirte Zeitung vom 22.9.1894)

Reklameanzeigen für die Wellenbadschaukel. Anzeigen der Firma Moosdorf & Hochhäusler. Berlin 108. Links: „Vollbad.“ Rechts: „Wellenbad.“ Illustrationsproben aus der Broschüre „Das Wellen-Regenbad, welche kostenfrei versandt wird.“ Etwa Mai 1900

Über die medizinischen Vorzüge des häuslichen Wellenbads erschienen Berichte. So beschrieb 1916 Prof. Dr. Hermann Rieder von der Universität München „Das künstliche Wellenbad“ im Buch „Körperpflege durch Wasseranwendung“ detailliert[100]:
„ ***Wellenbad im Hause.*** *Um ein künstliches Wellenbad im Hause sich zu beschaffen, bedient man sich der Wellenbadschaukel. Namentlich für den, welcher den Berufsgeschäften nicht entrinnen kann oder die häusliche Bequemlichkeit nicht verlassen will und doch auf Pflege seiner Gesundheit und Erfrischung seines Körpers bedacht ist, paßt diese Form des Halbbades ganz vorzüglich.*

Osterpostkarte mit Eischale in Wellenbadschaukelform. Darin ein Baby, angeleitet von zwei Jungen. In Genf gedruckte Postkarte. Serie 7 Olément. Geschickt von Straßburg nach Ungarn am 2. 4. 1904

Eine solche Wellenbadschaukel, deren Bauart auf die Körperform Rücksicht nimmt, kann in jedem Raume aufgestellt werden und bedarf nur einiger Eimer Wassers. Zu einem Vollbad in der Wellenbadschaukel sind ca. 75 Liter, zu einem Halbbad daselbst nur 25-30 Liter Wasser erforderlich. Man kann kalte und warme Bäder darin nehmen und große Wasserersparnis erzielen, wenn man sich ihrer bedient. Sie ist somit ein guter Ersatz für eine vollständige und immerhin kostspielige Badeeinrichtung. Auch zu Kinderbädern (...) eignet sich diese Badewanne sehr gut.
Vermöge des Wellenschlages in der Wanne, den man beliebig abstufen kann, je nachdem der in der Wanne Sitzende die Körperbewegung mehr oder weniger energisch ausführt, ist dieses Bad, besonders wenn man dem Wasser noch 2-3 Kilo Kochsalz zusetzt, einem Seebade ähnlich).*
Durch das aktive Schaukeln der Wanne, durch Austrecken und Anziehen der Beine, wird dann noch mit der „Wassermassage“ eine gymnastische Übung verbunden, wodurch noch mehr eine gute Reaktion gewährleistet wird als wie bei anderen Kaltwasseranwendungen.
Beim Gebrauch setzt man sich möglichst hoch in die Rückenlehne der Schaukel und hält sich mit beiden Händen am oberen Wulst der

Wanne fest. Bei dem nun folgenden Schaukeln stürzt infolge der zweckmäßigen Konstruktion der Wanne das Wasser immer wieder in dieselbe zurück, so daß der Zimmerboden vollständig trocken bleibt.

Wellen-Regenbad im Hause. *Mit Hilfe der Wellenbadschaukel kann man auch ein Wellen-Regenbad improvisieren und somit eine Steigerung der Hautreize erzielen. Hier verbindet man die an dem oberen Querwulst befindliche Zuleitung durch Gummischlauch mit der Wasserleitung oder einem hochstehenden Wassergefäß, so daß nach erfolgtem Öffnen des an der Wasserleitung oder am Wasserbehälter befindlichen Hahnes das kalte oder warme Wasser in seinen Strahlen den Löchern der seitlichen Wannenwulste entströmt. Ein Vorzug des Wellen-Regenbades gegenüber den eigentlichen Duschapparaten ist der, daß der Kopf hier frei bleibt, d. h. nicht geduscht wird.*

**) Schon die Römer sollen, um die Wirkung des Wellenschlags im Seebade künstlich hervorzurufen, sich einer Art Wellenbadschaukel bedient haben."*

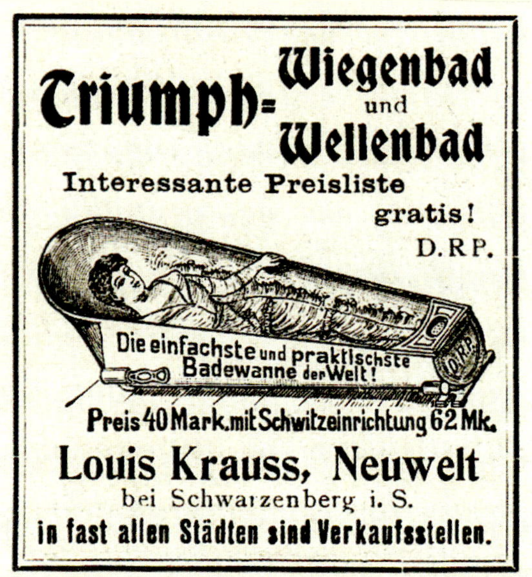

Reklameanzeige zur Wellenbadschaukel von Louis Krauss: Triumph Wiegenbad und Wellenbad. „Die einfachste und praktischste Badewanne der Welt!" Aus: Zeitschrift unbekannt, um 1907

Einen Beleg für ihre Nutzung auch in höchsten Gesellschaftskreisen veröffentlichte das Hotel „Vier Jahreszeiten" in Wien anlässlich des 150-jährigen Bestehens im Juli 2005. In einem geschichtlichen Rückblick der

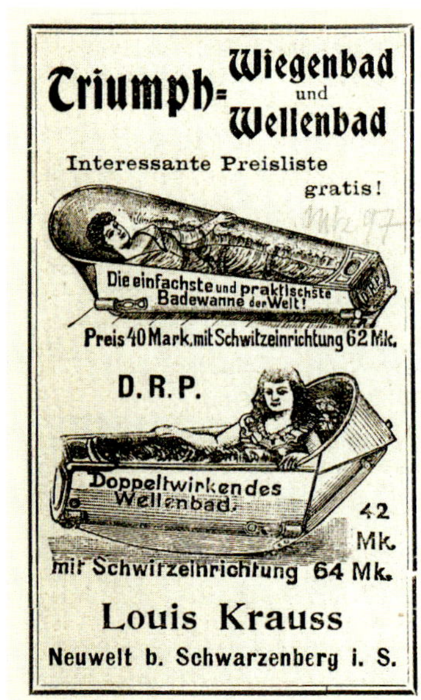

Reklameanzeige zur Wellenbadschaukel von Louis Krauss: „Triumph-Wiegenbad und Wellenbad". „Die einfachste und praktischste Badewanne der Welt!" „Doppelt wirkendes Wellenbad". Zwei Modelle auf einer Reklameanzeige. Um 1907

„Süddeutschen Zeitung" wird offenbart, dass es stets Sonderwünsche von Gästen erfüllte und gegenüber Kuriosem aufgeschlossen war. Im Artikel „Sisi und die Wellenbadschaukel" mit dem Untertitel „Fidel durch Dittmanns Wellenbadschaukel" berichtet die „Süddeutsche Zeitung", dass diese Wanne sich im Hotel „vor allem bei gekrönten Häuptern" großer Beliebtheit erfreute. „Der Kaiserin ‚Sisi'[101] von Österreich wird nachgesagt, sie habe so heftig mit der Wanne geschaukelt, dass ihr Badewasser bis ins darunterliegende Stockwerk geflossen sei." [102]

Andere Firmen brachten ähnliche Wannen auf den Markt, Moosdorf & Hochhäusler blieb jedoch der größte Erfolg beschieden. Alles in allem war die Wellenbadschaukel rund ein Vierteljahrhundert lang seit der Patentierung 1889 „der Renner" in den badezimmerlosen Wohnungen[103].

In Anspielung auf den äußerst sparsamen Wasserverbrauch wurde 1951 ein Foto mit dem Titel „Wellenbad der Schotten" veröffentlicht. Ironisch verkündet der Text, dass Mr. Wilbur aus Schottland gerne ans Meer gefahren wäre, aber als er die Preise hörte, entschloss er sich zu einem häuslichen Wellenbad (s. Abb. oben).

Schon kurz nach der Erfindung der Wellenbadschaukel nahmen Karikaturisten sie aufs Korn.

Ein literarisches „Denkmal" der Wellenbadschaukel verfasste 1984 Waldemar Dietrich in seiner „meist vergnüglichen Kulturgeschichte des Bades"[104]:

Links: „Das Wellenbad des Schotten!" Mann mit gegen die Sonne aufgespanntem Schirm in einer Wellenbadschaukel, die auf dem Dach einer Pension in Salzburg steht. Vermutlich Fabrikat Moosdorf & Hochhäusler. Aus: Quick, Heft 29, 1951

Rechts: Wellenbadschaukel mit Holzkufen, vermutlich von Louis Krauss, um 1900, Altonaer Museum

Karikatur von Eugen Kirchner:
Das improvisierte Wellenbad
Aus: Zeitschrift unbekannt, vermutlich
1895

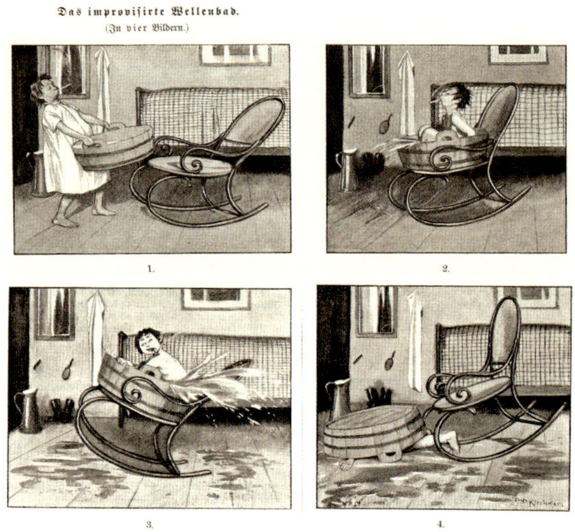

Die verhängnisvolle Schaukelbadewanne.
Originalhumoreske von R. Bergan. in 4 Bildern. Aus: Für alle Welt. Heft 26, o. J.

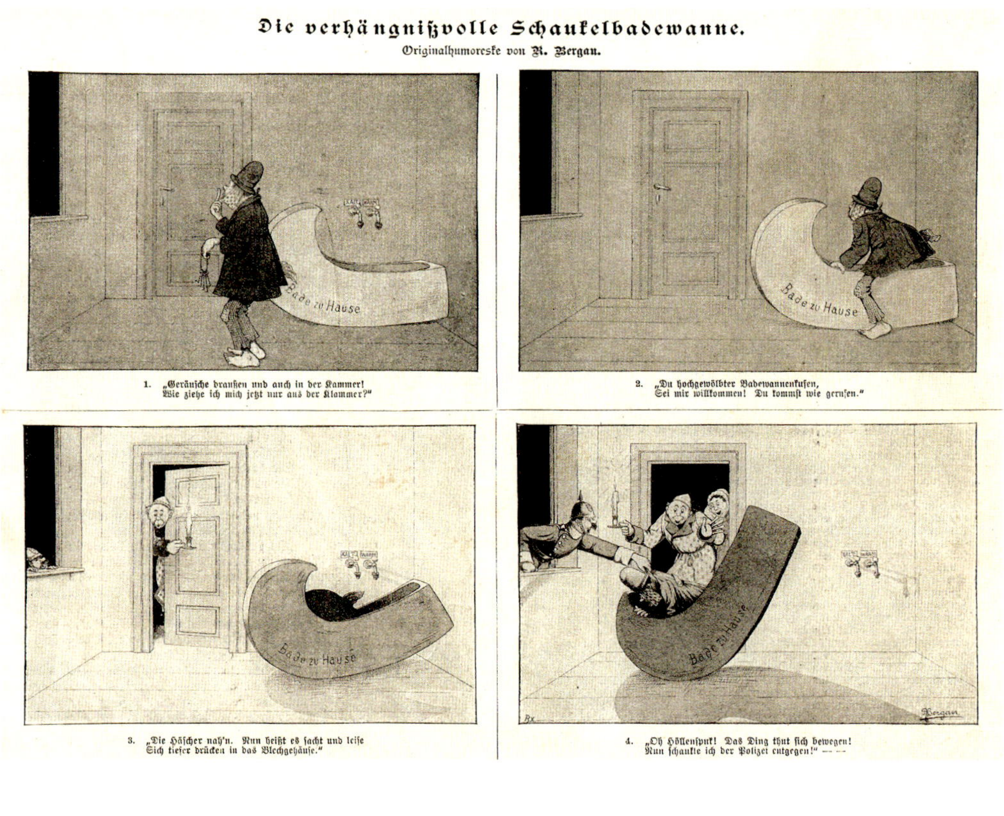

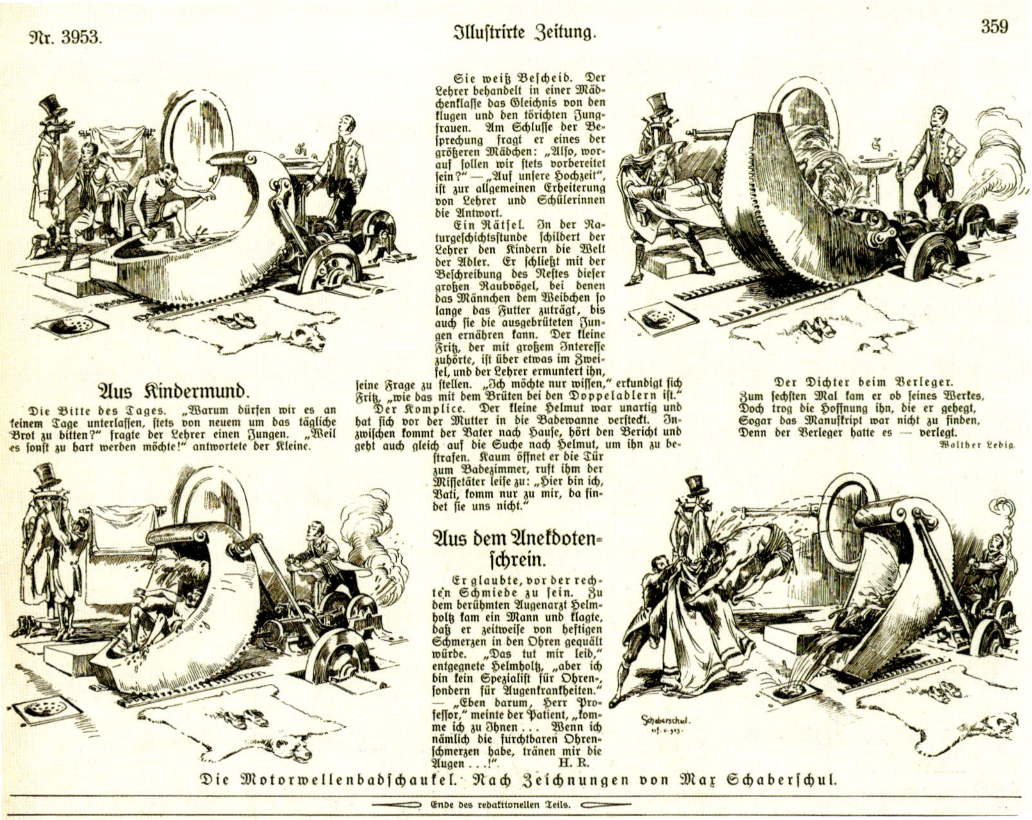

Nr. 3953. Illustrirte Zeitung. 359

Aus Kindermund.

Die Bitte des Tages. „Warum dürfen wir es an keinem Tage unterlassen, stets von neuem um das tägliche Brot zu bitten?“ fragte der Lehrer einen Jungen. „Weil es sonst zu hart werden möchte!“ antwortete der Kleine.

Sie weiß Bescheid. Der Lehrer behandelt in einer Mädchenklasse das Gleichnis von den klugen und den törichten Jungfrauen. Am Schlusse der Besprechung fragt er eines der größeren Mädchen: „Also, worauf sollen wir stets vorbereitet sein?“ — „Auf unsere Hochzeit“, ist zur allgemeinen Erheiterung von Lehrer und Schülerinnen die Antwort.

Ein Rätsel. In der Naturgeschichtsstunde schildert der Lehrer den Kindern die Welt der Adler. Er schließt mit der Beschreibung des Nestes dieser großen Raubvögel, bei denen das Männchen dem Weibchen so lange das Futter zuträgt, bis auch sie die ausgebrüteten Jungen ernähren kann. Der kleine Fritz, der mit großem Interesse zuhörte, ist über etwas im Zweifel, und der Lehrer ermuntert ihn, seine Frage zu stellen. „Ich möchte nur wissen,“ erkundigt sich Fritz, „wie das mit dem Brüten bei den Doppeladlern ist.“

Der Komplice. Der kleine Helmut war unartig und hat sich vor der Mutter in die Badewanne versteckt. Inzwischen kommt der Vater nach Hause, hört den Bericht und geht auch gleich auf die Suche nach Helmut, um ihn zu bestrafen. Kaum öffnet er die Tür zum Badezimmer, ruft ihm der Missetäter leise zu: „Hier bin ich, Vati, komm nur zu mir, da findet sie uns nicht.“

Der Dichter beim Verleger.

Zum sechsten Mal kam er ob seines Werkes,
Doch trog die Hoffnung ihn, die er gehegt,
Sogar das Manuskript war nicht zu finden,
Denn der Verleger hatte es — verlegt.

Walther Ledig.

Aus dem Anekdotenschrein.

Er glaubte, vor der rechten Schmiede zu sein. Zu dem berühmten Augenarzt Helmholtz kam ein Mann und klagte, daß er zeitweise von heftigen Schmerzen in den Ohren gequält würde. „Das tut mir leid,“ entgegnete Helmholtz, „aber ich bin kein Spezialist für Ohren-, sondern für Augenkrankheiten.“ — „Eben darum, Herr Professor,“ meinte der Patient, „komme ich zu Ihnen ... Wenn ich nämlich die furchtbaren Ohrenschmerzen habe, tränen mir die Augen ...!“ H. R.

Die Motorwellenbadschaukel. Nach Zeichnungen von Max Schaberschul.

Ende des redaktionellen Teils.

Oben: Karikatur von Max Schaberschul: „Motorwellenbadschaukel“. Die Karikatur erschien zu einer Zeit – 1919 –, in der für die Wellenbadschaukel längst nicht mehr inseriert wurde. Aus: Illustrirte Zeitung Nr. 3953, S. 359, 1919. I

Dittmann's Wellenbadschaukel ist die einzige Wanne welche ein erquickendes Wellenbad bietet und zu allen hygienischen Bädern zu benützen ist. Ueber 1000 Verkaufsstellen an grösseren Plätzen errichtet. Preis der einfachen Wellenbadschaukel incl. Verpack. für Körpergrösse bis 175 cm 42 Mk., bis 187 cm 46 Mk., grösste Nummer 48 Mk. — Ofen, Fahrgestell u. Einrichtung für Dampfbäder etc. Katalog. **Moosdorf & Hochhäusler**, Fabr. für Badeeinrichtungen, mit der Schutzmarke *„Bade zu Hause“*, **Berlin 121**, Köpenicker-Landstr., Stadtgesch.: Kommandantenstr. 60. All. Fabrikanten für **Oesterr.-Ungarn Carl Becker & Franz Booth, Wien V**, Traubengasse b.

Links: Zwei Clowns mit einer Wellenbadschaukel, jeweils zitiert aus Goethes „Faust“: „Die Müh ist klein, der Spaß ist groß!“ und aus Wielands „Oberon“: „Ein einziger Augenblick kann alles umgestalten“. Reklameanzeige von Moosdorf & Hochhäusler für die Wellenbadschaukel. Aus: Beiblatt der Fliegenden Blätter 1897. „Illustrationen zu bekannten Classikern“

Erfindergeist auf Abwegen
(Auszug)

Der Weg zur Einheitsbadewanne
von heut verlief nicht ohne Panne.
Am Anfang unseres Jahrhunderts
gab es Kurioses noch. Wen wunderts?
So auch das „Wellen-Regen-Bad“,
das sich nicht lang gehalten hat,
obwohl es sechsmal variabel
umspülte Rücken, Hals und Nabel.
Den Regenguß und sanfte Wellen
konnt jeder nun für sich bestellen
im trauten Heim, so oft er wollte,
wenn er nur vor- und rückwärts rollte.
Er konnt im selben Bad auch schwitzen
und — ohne Aufwand — still drin sitzen.
(...)
Man sieht, daß der Erfindergeist
oft erst um viele Ecken kreist,
eh er den graden Weg entdeckt,
der allen nutzt und allen schmeckt.

Erotische Darstellungen mit Schaukeln

Die Erotik besitzt in der bildenden Kunst von jeher einen hohen Stellenwert. In der antiken Bildhauerei und später in der Renaissance wurden die Geschlechtsteile besonders betont – auch durch Kleidung hindurch. Ende des 18. Jahrhunderts setzte in Europa und Amerika zunehmend die Prüderie ein, trotzdem reflektierten manche Künstler in ihren Werken geheime Gedanken und Wünsche der Menschen[105]. Ab der Wende vom 19. zum 20. Jahrhundert waren erotische Darstellungen geläufiger; entsprechende Figuren, Grafiken, Bilderpostkarten, Fotos und Bücher gab es seitdem überall zu kaufen.

Links: Swinging at No. 69 in St. Pauls Church Yard, London. Printed for Carington Bowles. Map & Printsellers. Englischer Kupferstich nach Watteau, 18. Jahrhundert

Rechts: Unbekannt: The Swing. Schabkunstradierung, um 1790

Doch zunächst zurück zum 18. Jahrhundert: Die Kleidermode entwickelte sich dahingehend, dass in gehobenen Schichten Männer und Frauen Perücken und Schleppen trugen als Zeichen für das Nichtstun. Die Frauen hatten in Korsetts gepresste Wespentaillen und die Brust war durch einen Fischbeinharnisch herausgepresst; der Reifrock diente der Hüftverbreiterung. Die demonstrative Wespentaille, der betonte Busen und die umso breitere Hüfte galten als erotische Hervorhebung des Körpers und zugleich als Unkenntlichmachung des Unterleibs. Beine zu zeigen galt als unschicklich[106]. Aber was ist daran verwerflich, wenn beim Schaukeln versehentlich durch den Windstoß Beine zu sehen sind?

Die Darstellung der spätbarocken Zeit in Deutschland war stark beeinflusst von französischen Künstlern wie Antoine Watteau (1684–1721) oder Jean-Honoré Fragonard (1732–1806). Besonders diese beiden Maler zeichneten mehr als nur ein Bild mit einer Schaukel, sodass zu vermuten ist, dass sie bewusst die Schaukel als

Stereofoto[109] „The Swing". Ein Mädchen im langen Rock schaukelt dem Betrachter entgegen, sodass ihre Beine sichtbar werden. Zwei andere Mädchen assistieren. Auf der Rückseite der Karte Stempel: Sold by W.r. Ada..., Bethel, Vt. 1860/70

(Leit-)Motiv für das höfische und galante Leben einerseits, aber auch für das „Zurück zur Natur" andererseits wählten.
Im Rokoko bzw. Spätbarock wurde bei Hofe viel gespielt, man neckte sich, und wo sonst konnte beim Flirt beiläufiger der Rock hochfliegen als beim Schaukeln! Jean-Honoré Fragonard wurde bereits genannt, und im Zusammenhang mit der erotischen Darstellung auf und mit Schaukeln muss der Künstler nochmals erwähnt werden. „Les hasards heureux de l'escarpolette" von 1767 ist mehr als die getreue Abbildung einer jungen Dame, die von zwei Männern geschaukelt wird. Die Anwesenheit von Amor, aber vor allem, dass die Dame viel Bein zeigt und einen Schuh (absichtlich) verliert, sind deutliche Hinweise auf einen Flirt; die Sinnlichkeit wird hier betont und wirkt deshalb erotisch und doch nicht anstößig[107]. Der Schriftsteller, Kulturwissenschaftler und Historiker Eduard Fuchs (1870–1940) schrieb in seiner sechsbän-

Betrachtungsgerät für Stereobilder. Stereoskop. Aus dunkel gebeiztem Holz, zwei Linsen, Lichtschirm aus Metall. Mit Fotokartenhalter und einklappbarem Griff, um 1910

digen Ausgabe zur „Sittengeschichte“ (erschienen 1902–1912, was ihm den Beinamen „Sittenfuchs“ einbrachte) über die Zeit des Rokoko und Spätbarock:
„Weil die begehrteste Pointe des Retroussé im Sichtbarwerden der Strumpfbänder bestand, so bevorzugte die Zeit mit Vorliebe solche Unterhaltungen und Spiele, die am leichtesten und sichersten zu diesem Ziele führten. Keine Gelegenheit war dazu wohl geeigneter, als sich auf der Schaukel keck durch die Luft zu schwingen. Also kam die Schaukel damals in allen Formen in die Mode. Kein Spiel war so beliebt. Hunderte von zeitgenössischen Bildern und Kupfern orientieren uns darüber.“[108]
Abbildungen, die weitere Fantasien dem Betrachter überließen, wurden auch mit doppeldeutigen Ausführungen gekoppelt. Der Deckel einer nachgebildeten handbemalten Haubenschachtel aus der Winsener Marsch aus dem 19. Jahrhundert zeigt die unverfängliche Darstellung einer Frau, die auf einer am Ast befestigten Schaukel sitzt und von einem Mann den Schwung bekommt. „Lie-

Georges Redon (1869–1943): Venus mit kleinen Faunen, o. J.

Stereofoto mit dem Titel: 2866. Water Nymphs. Photographed and Published by Kilburn Brothers. Um 1860

ber Michael Stoß mich besser So wird meine Lust viel größer“, lautet die Ergänzung. Eindeutig sexuelle Darstellungen gab es weniger in der Malerei oder in Stichen, sondern vielmehr in Abbildungen erotischer Literatur zu finden. Ein anderes Beispiel auf diesem Gebiet übernahm im 18. Jahrhundert wieder Frankreich. Marquis de Sade veröffentlichte 1797 in seinem Werk „La nouvelle Justine ou les malheurs de la vertu“ einen Kupferstich mit Gruppensex unter einer Schaukel. Deutschland war in dieser Zeit noch weit von offenkundigen Darstellungen ausschweifender Fantasie entfernt, während in anderen Ländern, u. a. England und Indien, solche Abbildungen[110] existierten. Im Hinduismus war die Erotik als wesentlicher Bestandteil des Lebens im Gegensatz zum christlichen Glauben frei von Schuldgefühlen. Schaukeln galt und gilt in Indien als glücksbringend, sodass zahlreiche Abbildungen zur Erotik nicht weiter verwundern.

„Lieber Michael Stoß mich besser So wird die Lust noch größer“. Darunter Abbildung einer schaukelnden Frau mit einem Mann. Nachbildung einer kleinen Spanschachtel, bemalt von Dorothea Bamberger, 1988. Nach einem Original aus dem Museum für Völkerkunde Hamburg

Links: Postkarten um 1900

Rechts: La nouvelle Justine, Kupferstich 1797. Schaukel als pornografischer Massensport, von Cohen (?), vgl. auch Ars Erotica, Bd. 2, S. 247

Indische Miniatur, auf altem Papier nach altem Vorbild gemalt. Lesbische Liebe mit Dildo

Im Zuge der „Postkartenflut“ Ende des 19. und Anfang des 20. Jahrhunderts, als Postkarten zu allen möglichen Anlässen verschickt wurden, tauchten Postkarten mit mehr oder weniger stark erotischen Motiven auf, die häufig gesammelt statt verschickt wurden. Allerdings waren die wenigsten Frauen vollkommen nackt abgebildet. Weitaus verbreiteter und auch postalisch genutzt waren Postkarten, auf denen Frauen und Männer miteinander flirten.

Im ausgehenden 19. Jahrhundert hatte Max Klinger (1857–1920) sozialkritische, aber auch symbolische und mythologische Themen aufgegriffen; er malte erotisierende Darstellungen in der Natur. Eines der Bilder ist „Opus II, ‚Rettung Ovidischer Opfer‘, Erstes Intermezzo“[111].

Der Maler, Buchillustrator und Verleger Hugo Höppener, bekannter unter dem Künstlernamen FIDUS (1868–1948), lernte während seines Kunststudiums den Maler und Naturapostel Karl Wilhelm Diefenbach (1851–1913) kennen und zeichnete – stark beeinflusst von Diefenbach und von der Lebensreformbewegung – vorwiegend nackte Menschen in der Natur. Berühmt wurde er mit seinem „Lichtgebet“ – bei dem

„Max Klinger. Goethe-Institut London“. Mit Frau/Mann stehend auf Schaukel: „Opus II, ‚Rettung Ovidischer Opfer‘, Erstes Intermezzo“. Ausstellungsplakat 19.1.-3.3.1990.
Bildtitel auf der Rückseite der Postkarte: Auf der Schaukel, aus „Rettungen Ovidischer Opfer“. Radierung von Max Klinger. Postkarte[112]

sich auf einem Stein ein nackter Mann mit ausgebreiteten Armen dem leuchtenden Himmel entgegenreckt. Die „Lianenschaukel“, die 1896 in der Münchner Kunst- und Literaturzeitschrift „Jugend“ (Heft 23) erschienen ist, zeigt ein nacktes Mädchen mitten im Urwald.

Die erste Ausgabe der Zeitschrift „Der Junggeselle“ erschien 1918 oder 1919 in Berlin. Sie wurde bis Ende der 1920er-Jahre wöchentlich herausgegeben[113]. Erotische Beschreibungen in Form von Lyrik, Aufsätzen, Essays und Berichten wurden mit entsprechenden Abbildungen zu einer interessanten Lektüre für eine an Erotik interessierte Zielgruppe.

Lianenschaukel. Nach einer Zeichnung von Fidus. Aus: Jugend, 1896, Heft 23

Das zeitlose Sammeln erotischer Motive umfasste ferner dreidimensionale Objekte, und einige Periodika wie der „Pirelli-Kalender“ bekamen einen Kultcharakter.

Nackte Frau auf der Schaukel in einem Wald. Drei alte Fotografien, o. J. (1. Hälfte des 20. Jahrhunderts)

Oben links: Franz von Stuck: Die Schaukel. Aus: Der Junggeselle, 1924. Heft Nr. 31

Oben rechts: Rolf Nietzky (?): Der Raub von der Schaukel von. Aus: Der Junggeselle, 1924, Nr. 33. Titelbild der Ausgabe

Bert Stern. Zusammenstellung aus den nur für Kunden und VIPs abgegebenen Jahreskalendern, die wegen ihrer guten Fotoqualitäten Kultstatus erlangt haben.

Die Schaukel als Sportgerät und als therapeutisches Mittel

Das Schaukeln hat eine therapeutische Wirkung, es beruhigt. Dieser Effekt tritt beim Säugling in der Wiege ein und setzt sich bis ins Alter fort. Senioren nutzen noch hochbetagt vergnüglich die Hollywood-Schaukel oder den Schaukelstuhl.

Nach dem Wiener Psychiater Sigmund Freud (1856–1939) lieben Kinder passive Bewegungsspiele wie Schaukeln und Fliegenlassen so sehr, dass „sie unaufhörlich nach Wiederholung verlangen", für ihn ein Indiz, dass Schaukeln Urinstinkte wie z. B. sexuelle Bedürfnisse weckt[115].

Eine medizinische Erscheinungsform des Schaukelns ist Hospitalismus. Bei mangelnder Zuwendung und Kommunikation können Säuglinge, Kinder oder auch Erwachsene anfangen, sich selbst zu schaukeln. Diese Verhaltensweise ist bei Heimkindern häufiger zu beobachten. Eine Erklärung mag sein, dass das Kind das Schaukeln als einen Zustand des Nicht-alleine-Seins empfindet, sich demzufolge auf eine emotionale Entwicklungsstufe zurückzieht, in der das Geschaukelt-Werden als tröstlich empfunden wird.

Marion Gerlach: Mein Traum vom Fliegen, Farbradierung 19/20, 1986

Kinder und Jugendliche, die an einer Aufmerksamkeitsdefizit-/Hyperaktivitätsstörung (ADHS) bzw. Aufmerksamkeitsdefizitstörung (ADS) leiden, werden unter anderem von Therapeuten gezielt zum Schaukeln eingeladen; dabei entspannt sich jeder „Hektiker"[116].

Im Folgenden werden noch zwei Beispiele aus dem Gebiet der Psychologie und Psychiatrie vorgestellt, bei denen das Schaukeln von Bedeutung ist: Der Psychoana-

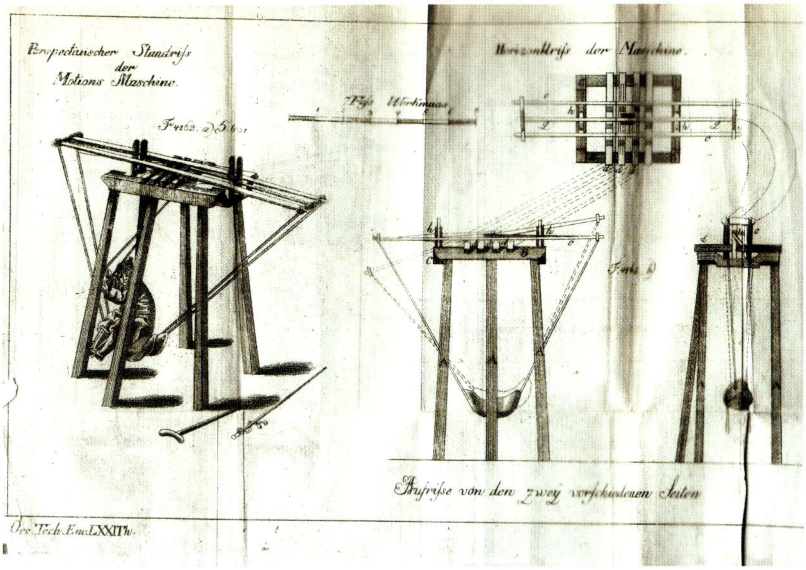

Darstellung einer Motionsmaschine: „Aufriße von den zwei verschiedenen Seiten", d. h. „Perspectivischer Standriß der Motions Maschine" und „Horizontriß der Maschine", aus: Krünitz, D. Johann Georg: Oeconomische Encyklopädie, oder allgemeines System der Staats=Stadt=Haus= und Landwirthschaft in alphabetischer Ordnung; Ein- und Siebzigster Theil, von Leib=Rente, bis Leibes=frey. Nebst 11 Kupfertafeln auf 3 Bogen. Joseph Georg Traßler-Verlag, Brünn 1799, Anhang 5

lytiker Michael Balint (1896–1970) befasste sich hiermit noch eingehender, indem er aufgrund seiner zahlreichen Therapien zwei Menschentypen definierte. Der philobatisch geprägte Mensch ist in Anlehnung an das griechische Wort für „in die Höhe springen" der Schaukler und strebt in die Weite, während der Oknophile – aus dem Griechischen für „Anklammern" – der Schaukel-Verweigerer ist, da dieser Leerräume als bedrohlich empfindet[117]. So haben z. B. Menschen mit Flugangst ausgeprägte oknophile Eigenschaften. Zu einer ähnlichen Theorie zum Risikoverhalten kommt sein Kollege Heinz Kohut (1913–1981), jedoch vermutet er andere frühkindliche Ursachen als Michael Balint[118].

Diese positiven Gefühle des Schaukelns kommen nicht nur der Psycho- und Ergotherapie, sondern auch der Sporterziehung zugute.

Der Mensch hat Möglichkeiten entwickelt, den Bewegungsmangel gezielt auszugleichen. Während bei Kindern meistens eine Schaukel oder ein ähnliches Gerät ausreichen, um die Motorik, das Gleichgewicht und je nach Schaukelintensität eine spannende oder entspannende Wirkung anzuregen, müssen bei erwachsenen Men-

„Streck-Schaukel", Karlsruher Unterhaltungs-Blatt, 2. Jahrgang 1829, Nr. 27, S. 105

schen häufig spezielle Maßnahmen angewendet werden, um deren Verspannungen zu beseitigen oder den Bewegungsmangel auszugleichen. Im 18. Jahrhundert sollten die sog. Motionsmaschinen gezielt seelische und körperliche Beschwerden beseitigen können. Das Wort „Schaukel" wurde in der Zeit vom Bürgertum, das sich von den Unterschichten abheben wollte, nicht gerne in den Mund genommen und wurde durch den englischen Begriff „Motion" ersetzt. Diese Geräte, auch als „Reitmaschine" bezeichnet, waren entweder an Balkendecken befestigt oder freischwebend. Wie die zweite Bezeichnung andeutet, galt diese Heimschaukel auch als Reitersatz, da an den Seilen ein sattelähnlicher Sitz angebracht wurde. Wer wollte, konnte sich mit einem zusätzlichen, über Rollen geführten Seil aus eigener Kraft bewegen. Als gesundheitliche Vorteile wurden erwartet: gestärkte Muskeln, verbesserter Blutkreislauf und angeregte Atemtechnik. Bemerkenswert ist, dass ausschließlich erwachsene Menschen diese Therapieform in Anspruch nahmen. Für Kinder gab es „nur" die gängigen Hängeschaukeln und Wippen.

Im 19. Jahrhundert fanden orthopädische Maßnahmen, etwa für die Behandlung von Ataxie, einer mangelnden oder fehlerhaften Koordination des Zu-

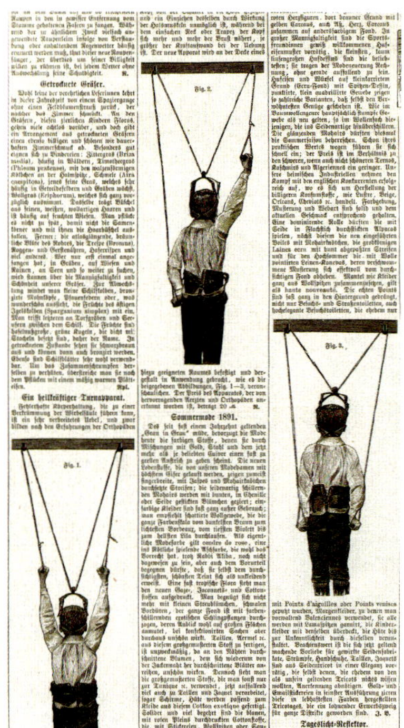

Raupen in den in gewisser Entfernung vom Stamme gehaltenen Fasern zu fangen. Während der zu ähnlichem Zweck vielfach angewendete Raupenleim infolge von Verstaubung oder anhaltendem Regenwetter häufig erneuert werden muß, thut dieser neue Raupenfänger, der überdies um seiner Billigkeit willen zu rühmen ist, bei jedem Wetter ohne Auswechslung seine Schuldigkeit. R.

Getrocknete Gräser.

Wohl keine der verehrlichen Leserinnen kehrt in dieser Jahreszeit von einem Spaziergange ohne einen Feldblumenstrauß zurück, der nachher das Zimmer schmückt. An den Gräsern, diesen zierlichen Kindern Floras, gehen viele achtlos vorüber, und doch gibt ein Arrangement aus getrockneten Gräsern einen ebenso billigen und schönen wie dauerhaften Zimmerschmuck ab. Besonders gut eignen sich zu Bindereien: Zittergras (Briza media), häufig in Wäldern, Timotheegras (Phleum pratense), mit den walzenförmigen Kölbchen an der Halmspitze, Schmele (Aira caespitosa), jenes feine Gras, welches sehr häufig in Getreidefeldern und Gräben wächst, Wollgras (Eriphorum), welches sich ganz vorzüglich ausnimmt. Dasselbe trägt Büschel aus feinen, weißen, wollartigen Haaren und ist häufig auf feuchten Wiesen. Man pflücke es nicht zu spät, damit nicht die Samenkörner und mit ihnen die Haarbüschel ausfallen. Ferner: die atlasglänzende, bräunliche Blüte des Rohres, die Trespe (Bromus), Roggen- und Gerstenähren, Haferrispen und viel anderes. Wer nur erst einmal angefangen hat, in Gräben, auf Wiesen und Rainen, an Seen und so weiter zu suchen, wird staunen über die Mannigfaltigkeit und Schönheit unserer Gräser. Zur Abwechslung windet man kleine Schilfkolben, bronzirte Mohnköpfe, Pfauenfedern oder, was wunderschön aussieht, die Früchte des ästigen Igelskolben (Sparganium simplex) mit ein. Man trifft letzteren an Torfgräben und Seeufern zwischen dem Schilf. Die Früchte sind haselnußgroße, grüne Kugeln, die dicht mit Stacheln besetzt sind, daher der Name. In getrocknetem Zustande sehen sie schwarzbraun aus und können dann auch bronzirt werden. Ebenso sind Schilfblätter sehr wohl verwendbar. Um das Zusammenschrumpfen derselben zu verhüten, überstreiche man sie nach dem Pflücken mit einem mäßig warmen Plätteisen. Kpl.

Ein heilkräftiger Turnapparat.

Fehlerhafte Körperhaltung, die zu einer Verkrümmung der Wirbelsäule führen kann, ist ein sehr verbreitetes Uebel, und zwar bilden nach den Erfahrungen der Orthopäden [...] und ein Einziehen desselben durch Wirkung der Halsmuskeln unmöglich ist, während bei dem einfachen Reck oder Trapez der Kopf sich mehr und mehr der Brust nähert, je größer der Kraftaufwand bei der Uebung ist. Der neue Apparat wird an der Decke eines hiezu geeigneten Raumes befestigt und dergestalt in Anwendung gebracht, wie es die beigegebenen Abbildungen, Fig. 1–3, veranschaulichen. Der Preis des Apparates, der von hervorragenden Aerzten und Orthopäden anerkannt worden ist, beträgt 20 ℳ. R.

Fig. 1. Fig. 2. Fig. 3.

Sommermode 1891.

Des seit fast einem Jahrzehnt geltenden „Grau in Grau" müde, bevorzugt die Mode heute die farbigen Stoffe, denen sie durch Mischungen mit Gold, Stahl und dem jetzt mehr als je beliebten Cuivre einen fast zu grellen Anstrich zu geben scheint. Die neuen Lodenstoffe, die von unseren Modedamen mit höchstem Eifer gekauft werden, zeigen zumeist fingerbreite, mit Jaspes und Mohairknötchen durchsetzte Streifen; die seidenartig schillernden Mohairs werden mit bunten, in Chenille oder Seide gestickten Blümchen geziert; einfarbige Kleider sind fast ganz außer Gebrauch; man empfiehlt schattirte Wollgewebe, die die ganze Farbenskala vom dunkelsten Braun zum lichtesten Bordeaux, vom tiefsten Violett bis zum hellsten Lila durchlaufen. Als eigentliche Modefarbe gilt cendre de rose, eine ins Rötliche spielende Aschfarbe, die wohl das Vorrecht hat, trotz Rabbi Akiba, noch nicht dagewesen zu sein, aber auch dem Vorurteil begegnen dürfte, daß sie selbst dem durchsichtigsten, schönsten Teint sich als unkleidend erweist. Eine fast tropische Flora sieht man den neuen Gaze-, Jaconnets- und Cottonstoffen aufgedruckt. Man begnügt sich nicht mehr mit kleinen Streublümchen, schmalen Bordüren, der ganze Fond ist mit farbenschillernden exotischen Schlingpflanzen durchzogen, deren Anblick wohl auf großen Flächen anmutet, bei konfektionirten Sachen aber durchaus unschön wirkt. Taillen, Aermel rc. aus diesem großgemusterten Stoff zu fertigen, ist unzweckmäßig, da an den Nähten durchschnittene Blumen, dem sich wiederum von der Jackennaht her durchschnittene Blätter anreihen, unschön wirken. Dennoch sieht man die großgemusterten Stoffe, die man sonst nur zur Tunique rc. verwendet, jetzt auffallend viel auch zu Taillen und Jaquet verarbeitet, sogar Schirme, Hüte werden passend zum Kleide aus diesem Cotton exotique gefertigt. Solider und viel begehrt sind die blauen, mit roten Pleins durchdruckten Cottonstoffe, die, mit Stickereien, Wollspitzen oder Soutachirungen geziert, zu den elegantesten Sommerroben verwendet werden. Die Muster, die [...] roten Herzfiguren, dort brauner Grund mit gelben Carreaus, auch Aß, Herz, Carreaus zusammen auf andersfarbigem Fond. In großer Mannigfaltigkeit sind die Sportsfreundinnen gewiß willkommenen Hufeisenmuster vorrätig, die kleinsten, kaum linsengroßen Hufdessins sind die beliebtesten; sie tragen der Modeneuerung Rechnung, ohne gerade auffallend zu sein. Hufeisen und Würfel auf kleinkarrirtem Grund (Ecru-Fond) mit Spitzen-Dessin, punktirte, klein quadrillirte Gewebe zeigen so zahlreiche Varianten, daß selbst den Verwöhntesten Genüge geschehen ist. Wie im Baumwollengenre hauptsächlich stumpfe Gewebe als neu gelten, so im Wollenfach diejenigen, die ins Seidenartige hinüberschillern. Die glänzenden Mohairs dürften diesmal die Sommersaison beherrschen. Schon ihres praktischen Wertes wegen führen sie sich schnell ein; der Preis ist im Verhältnis zu den schweren, wenn auch nicht schöneren Ternos, Kaschmirs und Algeriennes ein geringer. Unsere heimischen Industriellen nehmen den Kampf mit den englischen Konkurrenten erfolgreich auf, wo es sich um Herstellung der billigeren Konsumstoffe, wie Lustre, Beige, Orleans, Cheviots rc. handelt. Farbgebung, Musterung und Webart sind solid und dem aktuellen Geschmack entsprechend gehalten. Eine dominirende Rolle dürften die mit Seide in Flachstich durchstickten Alpacas spielen, nächst diesem die neu eingeführten Voiles mit Mohairknötchen, die grobkörnigen Laines ecru mit bunt abgepaßten Streifen und für den Hochsommer die mit Wolle pointirten Leinen-Kanevas, deren verschwommene Musterung sich effektvoll vom durchsichtigen Fond abheben. Mantel wie Kleider ganz aus Wollspitzen zusammenzusetzen, gilt als haute nouveauté. Die echten Points sind fast ganz in den Hintergrund gedrängt, nicht nur Besuchs- und Straßentoiletten, auch hochelegante Besuchstoiletten, die ehedem nur mit Points d'aiguilles oder Points venises geputzt wurden, Morgenkleider, zu denen man vorwaltend Valenciennes verwendet, sie alle werden mit Lamaspitzen garnirt, die Kinderkleider mit denselben überdeckt, die Hüte bis zur Unkenntlichkeit durch dieselben verunstaltet. Beachtenswert ist die sich jetzt geltend machende Vorliebe für gewirkte Seidenfabrikate, Strümpfe, Handschuhe, Taillen, Jaquets sind aus Seidentricot in einer Eleganz vorrätig, die selbst denen, die ehedem von den als unfein geltenden Tricots nichts wissen wollten, Anerkennung abnötigen. Gold- und Emailstickereien in feinster Ausführung zieren diese in lebhaftesten Farben hergestellten Tricotages, die ein lohnender Erwerbszweig für ganze Distrikte geworden sind. J. B.

Tageslicht-Reflektor.

Schon vor fünfundzwanzig Jahren kam man in England auf den Gedanken, solchen

Der „Wirbelsäulen-Strecker" galt allen Ernstes als „heilkräftiger Turnapparat" zur Beseitigung von fehlerhafter Körperhaltung und Wirbelsäulenverkrümmung, aus: „Ueber Land und Meer. Deutsche Illustrirte Zeitung" von 1891, Band 66 (Ausschnitt)

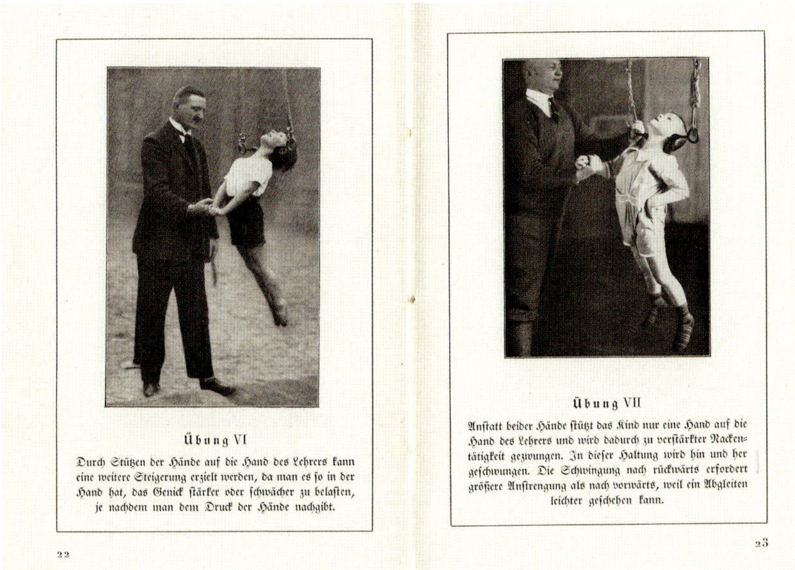
Übung VI

Durch Stützen der Hände auf die Hand des Lehrers kann eine weitere Steigerung erzielt werden, da man es so in der Hand hat, das Genick stärker oder schwächer zu belasten, je nachdem man dem Druck der Hände nachgibt.

22

Übung VII

Anstatt beider Hände stützt das Kind nur eine Hand auf die Hand des Lehrers und wird dadurch zu verstärkter Nackentätigkeit gezwungen. In dieser Haltung wird hin und her geschwungen. Die Schwingung nach rückwärts erfordert größere Anstrengung als nach vorwärts, weil ein Abgleiten leichter geschehen kann.

23

Aus dem Buch von Detleff Neumann-Neurode: Die Nackenschaukel. Schöne Körperhaltung durch Nackenschaukel, 1927, S. 22/23

sammenspiels von verschiedenen Muskelgruppen bei der Ausführung von Bewegungen, statt. Einige Anwendungen waren recht grausam und aus heutiger Sicht nutzlos; so wurden junge Probanden mit schlechter, gebeugter Körperhaltung an sog. Geradehaltern aufgehängt. Neben einer verbesserten Körperhaltung erhofften sich die Behandelten auch bessere Chancen auf dem Heiratsmarkt. Jedoch ging es bei dieser Anwendung weniger um den Schaukelgenuss als vielmehr um das Geraderichten, das durch die frei schwebende Körperschwere erzielt werden sollte.
Das „Karlsruher Unterhaltungs-Blatt“ (2. Jahrgang 1829, Nr. 27, S. 105) empfiehlt gegen das Übel „Die Schultern vorzuhalten“ als einfaches Mittel die Streckschaukel, die „den Kindern zugleich auch als Spiel dient und überdieß noch dem Wachsthume des Körpers förderlich ist“. Diese Konstruktion, die spielerische Elemente mit medizinischen Zwecken kombiniert, findet sich in Abwandlungen bis ins 20. Jahrhundert wieder. Allerdings ging der spielerische Anteil zunehmend verloren.
Der ehemalige Major Detleff Neumann-Neurode behauptete 1927, dass die Zahl der „Wuchsschäden, die das Krüppeltum her-

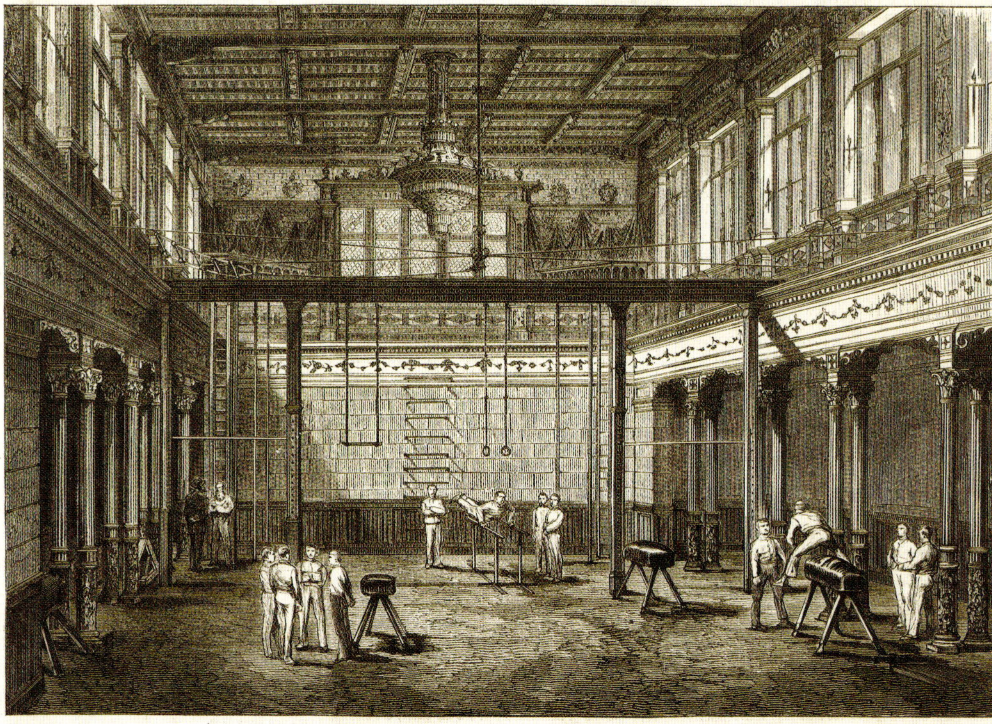

Die neue Turnhalle des Deutschen Turnvereins in Prag. Nach einer photographischen Aufnahme.

Aufnahme aus „Turnen, Turnverein, Turnhalle. – Gedenkschrift des deutschen Turnvereines in Prag zum 25. jährigen Jubiläum 1862–1887“, Selbstverlag, Prag 1887

beiführen“, stark zugenommen hätte. In seinem Buch beschreibt er Rückenbeschwerden und Fehlhaltungen beim Menschen und welche Übungen zur Verbesserung und Verhinderung beitragen. Seiner Ansicht kann mit diesen bereits bei Kindern begonnen werden[119].

Der Sport und die Sporterziehung im heutigen Sinne werden erst seit knapp 250 Jahren betrieben. Während die unteren sozialen Schichten aus Zeit- und Geldmangel keine Möglichkeit hatten, Sport als Freizeitvergnügen zu betreiben, wurden in adligen Kreisen nur bestimmte Disziplinen wie Fechten, Tanzen und Reiten ausgeübt. Jean-Jaques Rousseau (1712–1778) formulierte 1762 in seinem Roman „Emile“ bahnbrechende Erziehungsideale. So sollten schon Kleinkinder körperlich ertüchtigt und Jugendliche für gymnastische Übungen und Ballspiele begeistert werden. Bald da-

584

Damenturnen: Das „Engelschweben“.

Damenturnen.

Von Dr. A. Römer.

(Nachdruck verboten.)

Haben Sie schon einmal eine Dame von der Pferdebahn ab springen sehen? Das ist ein Hangen und Bangen in schwebender Pein! Frauen und Mädchen, die z. B. im Tanze sich voller Grazie wiegen und uns sonst als Muster der Eleganz erscheinen, zeigen meist bei jenem Absprung von einem auch nur langsam fahrenden Wagen einen erstaunlichen Mangel an Gewandtheit und Geistesgegenwart. „Wie sie es machen, sie machen's verkehrt.“ Wer ihren hülflosen Bewegungen folgt, athmet erleichtert auf, wenn diese Damen auf dem Straßendamm noch mit heilen Knochen landen. Unsere Frauen sind in der That, wenn sie ungeduldig nicht bis zur Haltestelle warten, Angstkinder der Schaffner und Pferdebahngäste. Springt dagegen einmal eine Dame in selbstbewußter Ruhe und Sicherheit ab, so kann man zehn gegen eins wetten, daß sie turnen gelernt hat. Dieses Beispiel aus dem Verkehrsleben illustrirt sehr deutlich den Werth des Turnens auch für die holde Weiblichkeit.

Verständige Eltern haben das längst erkannt, und in vielen Hausgärten sieht man Knaben und Mädchen um die Wette turnen. Auch die pädagogische Welt würdigt sehr wohl die Bedeutung körperlicher Uebungen für Mädchen, und es ist daher fast in allen größeren Städten jetzt Turnunterricht in den Töchterschulen eingeführt.

Neuerdings findet auch im Vereinsleben das Damenturnen immer größere Beachtung und Pflege, die Zahl solcher Gruppen wächst von Jahr zu Jahr. Auf dem vorjährigen Turnfest in Breslau debütirten verschiedene Damenriegen und ernteten mit ihren anmuthigen Reigen sowohl wie mit den Stab- und Hantelübungen freudige Anerkennung.

Es war mir in Berlin wiederholt vergönnt, den Uebungsstunden der Turnerinnen beizuwohnen. Meist sind sie in die Abendzeit verlegt; der Schauplatz ist die Turnhalle einer Schule. Nicht nur junge Mädchen, auch viele Frauen sind Mitglieder jener Vereine. Die Damen überraschten mich bei ihrem Erscheinen durch eine gewisse Körperfülle, und fast einen Schreck bekam ich, als sie plötzlich sans gêne sich zu entkleiden begannen! Es kam indeß nur der Turnanzug zum Vorschein, den sie unter den Kleidern trugen.

Die Lehrerin gab mit Händeklatschen das Signal zum Anfang, und sofort stand man in Reih und Glied. Reizvoll war der Anblick der schmucken, wohldisziplinirten „Truppe“, als sie mit hellem Gesang durch die Halle „exerzirte“. Wie energisch klangen aber auch die Kommandorufe aus dem Munde jener resoluten, Respekt einflößenden Lehrerin — dieses Fräulein wird beim Ehe-Regiment so leicht die Zügel nicht aus der Hand geben!

Die gleichmäßigen Anzüge der Damen wirkten recht malerisch; es waren fußfreie Turnkleider mit rothem Besatz. Anderswo trägt man blauschwarze Röcke und weiße Blousen.

Bei den Uebungen vertheilte man sich in Gruppen: Hier schwangen sich die Turnerinnen auf dem Barren, dort zog sich das ewig Weibliche am Reck hinan, Andere übten an der

H. Binde: Damenturnen, Armstärken an Ringen. 3 Illustrationen zu „Damenturnen“ (Dr. A. Römer). Rundlauf (Das Engelschweben) Ilustr. S. 584/585

rauf haben deutsche Aufklärer wie Gotthold Ephraim Lessing, Immanuel Kant und Johann Wolfgang von Goethe diese Thesen unterstützt und in Lesungen und Vorträgen verbreitet. Immer mehr Pädagogen waren von der Notwendigkeit der „Leibesübungen“ überzeugt, allen voran der Pädagoge Johann Christoph Friedrich GutsMuth (1759–1839), der sich ab etwa 1786 dafür einsetzte, dass

der Sport Bestandteil des Schullehrplans wurde. Friedrich Ludwig Jahn (1778–1852) begründete schließlich 1807 die Turnbewegung mit dem Ziel der Leibeserziehung und ab 1811 trat die „patriotische Erziehung zur Vorbereitung der Befreiungskriege" in den Vordergrund. Der Wiener Kongress bestätigte für die nachnapoleonische Zeit die Kleinstaaterei im Deutschen Bund; da Jahn deren Gegner war, kam es 1842 vorübergehend zum Verbot seiner Aktivitäten, der sog. Turnsperre[120].
Im Laufe der nächsten Jahre und Jahrzehnte entwickelten sich verschiedene Sportarten, in denen zunehmend Wettkämpfe durchgeführt wurden.
In der heutigen Zeit, in der bei Kindern Haltungsschäden, Bewegungsmangel und Gleichgewichtsstörungen wieder zunehmen, sind Therapieschaukeln eigens für Kinder entwickelt worden. Dabei handelt es sich um verschiedenartige Konstruktionen, die jeweils an die für das Kind empfohlene Behandlung angepasst werden. Die Spannbreite reicht von Schwunggeräten, die nicht nur das Schaukeln im Sitzen, sondern auch in verschiedenen Liegepositionen ermöglichen, über quadratische Bretter, mit denen der Sitz durch Auflegen von Reifen, Fellen etc. verändert wird, bis hin zu „Schlingentischen", bei denen der Patient entweder teilweise oder mit dem ganzen Körper aufgehängt wird.

Sammeln von Schaukel-Motiven

Entsprechend der vielfältigen Möglichkeiten zu schaukeln gibt es zahlreiche alltägliche Gelegenheiten, diese darzustellen oder mit ihnen Assoziationen hervorzurufen. Als relativ aktuelles Beispiel sei das Sammeln von Telefonkarten genannt, das seit 1983 mit der Einführung passender Geräte in Deutschland anfing. Der Anreiz möglichst kompletter Serien und das Tauschen untereinander dienen dem Gemeinschaftsgefühl, während die Schaukelmotive nostalgische Erinnerungen aktivieren. Im Zeitalter des Mobiltelefons reduziert sich jedoch das Angebot neuerer Karten[122].
Ein weiteres, aber älteres Beispiel: Das Sammeln von Oblaten, auch

Oben: Telefonkarte mit Aufschrift zur Asian-Pacific Exposition: Fukuoka '89. 1989

Rechts: Telefonkarte mit Wohlfahrtsspende (12 DM + 3 DM für die Wohlfahrt). Um 1995

Telefonkarte 20 mit Mädchen auf Schaukelgestell, „Alle Kinder schaukeln gern… (umseitig) auf Dr. Koeppels Schaukelwippe". Das „Schaukelpferd" für 1, 2, oder 3 Kinder.

Glanz- oder Lackbilder genannt, das vor ca. 100 Jahren ausgesprochen beliebt war, besitzt mittlerweile kaum noch Anhänger. Ihre Herstellung begann um 1870 mit der Patentierung von lithografischen Dampfpressen. Die meisten Oblaten wurden mit chromo- oder farblithografischem Druckverfahren produziert und konnten in großen Stückzahlen hergestellt werden.
Abbildungen von Schaukeln befinden sich desgleichen auf Briefmarken, Sammelbildern und neuerdings im Internet in virtuellen Grußkarten.

Links: Mädchen auf Hängematte, Oblate, um 1900

Rechts: Schaukeln zur Volksbelustigung, Oblate, um 1900

Außerhalb des alltäglichen Gebrauchs: Schaukeln in der Folter und beim Militär

Menschen wurden und werden gefoltert, um Geständnisse zu erzwingen, um einen Menschen zu „brechen“, indem man ihm dabei die Würde, ja die Identität nimmt. Die Erklärungen sind vielfältig: aus politischen, religiösen oder abergläubischen Gründen (den Göttern wurden Opfer gebracht, oder um gewisse Arzneien herzustellen, wurde schwangeren Frauen der Bauch aufgeschnitten), als Teil der Kriegsausübung oder aus Geldgier[123].
Bei der Folter von Menschen sind unendlich viele Arten bekannt. Hier seien die Methoden erwähnt, die eine Pervertierung der Lust am Schaukeln darstellen. Einerseits wurden Gerätschaften entwickelt, die den Menschen so „verformten“, dass er an eine Schaukel erinnert. In anderen Fällen werden die Schwerkraft und Bewegung zur Qual.
Häufig werden die Gefolterten an den Kniekehlen über die Querstange gelegt, während die Hand- an die Fußgelenke gebunden werden. Sobald ein Papagei auf einer Stange das Gleichgewicht verliert, hängt er kopfüber. Hiervon abgeleitet erhielt eine Methode die Bezeichnung „Papageienschaukel“. Dem Gepeinigten wurden die Hände und Füße auf dem Rücken zusammengebunden und er in dieser Lage aufgehängt. Die sich steigernden Schmerzen und vor allem die Wehrlosigkeit und Demütigung sind ausgesprochen peinigend und hinterlassen im Vergleich zu anderen Foltermethoden kaum körperliche Spuren[124].
Friedrich Wilhelm Boger, der als Mitarbeiter des Konzentrationslagers Auschwitz von Ende 1942 bis 1945 wegen seiner besonders sadistischen Foltermethoden den Beinamen

Ueber die Verehrung der Heiligen, Figur 1. Die Folter. Aus: Zeitschrift unbekannt, o. J. (um 1853), S. 9

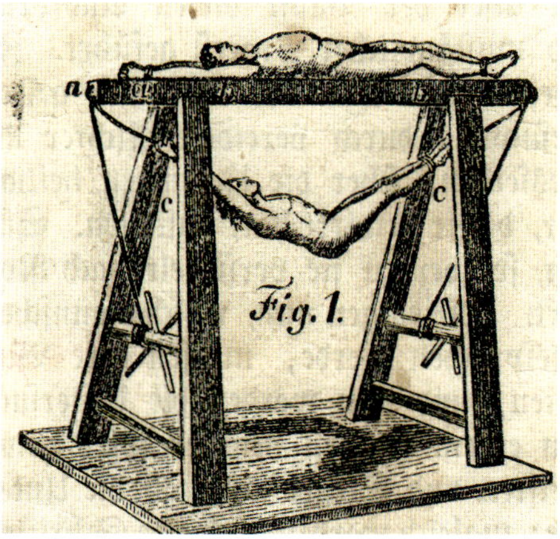

„Bestie von Auschwitz“ erhielt, hatte unter anderem die „Boger-Schaukel“ eingeführt. Anhand eines Modells erläuterte der Zeuge Leo Paul Scheidel im Auschwitz-Prozess am 3. 4. 1964 in Frankfurt/M. diese: Dem Opfer „wurden die gefesselten Hände über die Knie gezogen. Zwischen Armen und Kniebeuge wurde eine Stange durchgezogen, an der er wie an einem Reck aufgehängt wurde.“ Peitschenschläge brachten dann den Häftling zum „Schaukeln“. Wer diese Folter lebend überstand, dem waren „die Hände abgescheuert, das Gesäß in Fetzen, das Gesicht voll Blut“.[125]

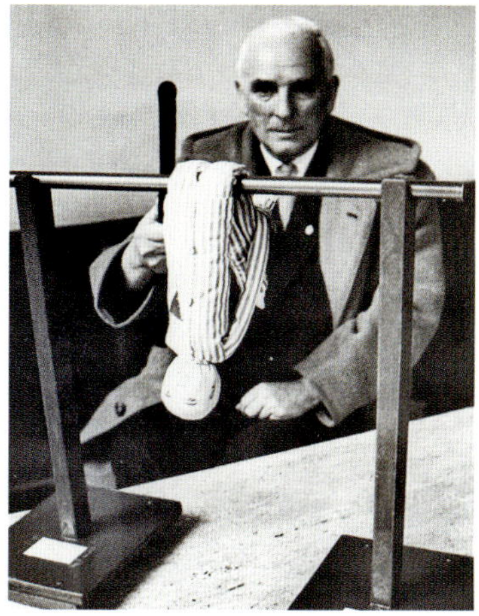

Der Zeuge Leo Paul Scheidel erläutert die „Boger-Schaukel“, 1963.

Eine besondere Verwendung schaukelnder Gerätschaften entwickelte das russische Militär. An lebensgroßen Puppen auf Kufen wurden die Techniken des Tötens im „Nahkampf“ erprobt.

Links: Bajonettfechtübung in der russischen Armee. Aus: Das Buch für Alle, Heft 21, 1902, S. 559, Signatur unleserlich (Ausschnitt)

Rechts: F. L. (F. Lindner): „Deutsches Kriegsschiff im Gefecht. Niederlassen eines Verwundeten mittelst Krankenstuhls aus dem Mars an Deck.“ (Zeichnung). Aus : Henk u.a., Zur See, Kapitel „Fünfte Abtheilung. – Seemannsleben am Bord und am Land.“ Hamburg 1890, S. 348

Fazit

Die Kulturgeschichte der Schaukel umfasst Jahrtausende. Aus der Ursprungsform „Wippe“ wurden zahlreiche Schaukel-Variationen entwickelt, deren Nutzung ein beliebtes Vergnügen von Kindern und Erwachsenen darstellte – ein Vergnügen, das heutzutage wegen vieler anderer Möglichkeiten des Zeitvertreibs an Bedeutung verloren hat.

Die Bezeichnung „Schaukel“ bezieht sich nicht nur auf ein reales Gerät, sondern sie wird häufig im übertragenen Sinne verwendet. Zum einen ist sie Bestandteil im Sprachgebrauch und wird symbolhaft („Wir werden das Kind schon schaukeln!“) im positiven Sinne als auch negativ („Willst du mich verschaukeln?“) bewertet. Zum anderen bildet sie in der Bildenden Kunst ein Synonym. Man denke an ein romantisches Bild von einem verliebten Paar auf einer Schaukel – stellvertretend für die unbeschwerte, himmelhoch jauchzende Liebe. Oder sie ist Synonym für andere Werte; eine Mutter, die eine Babywiege schaukelt, symbolisiert Geborgenheit bzw. Nähe.

Schaukeln verbinden wir mit Lebensfreude, es löst von wenigen Ausnahmen abgesehen positive Assoziation in uns aus. Nicht von ungefähr bekommen Jung und Alt verklärte Gesichtszüge, wenn sie daran denken.

Bildergalerie von Hamburger Persönlichkeiten auf schaukelnden Geräten

Hamburger Persönlichkeiten gaben dem Museum für die Ausstellung und für den Katalog Fotos zum Schaukeln. Einige Bilder wurden durch persönliche Erinnerungen ergänzt.

Ole von Beust

Rechtsanwalt, von 2001 bis 2010 Erster Bürgermeister der Freien und Hansestadt Hamburg (CDU)
Im Jugendfreizeitheim „Puan Klent" auf Sylt: „Als Kind war das hier mein Paradies."

Kirsten Boie

Schriftstellerin und Kinderbuchautorin
„Aber vielleicht geht ja auch ein Schaukelpferd? Weihnachten 1952 war ich zwei Jahre alt – und ich bin verblüfft, wie viel ich ganz offensichtlich geschenkt bekommen habe!"

Annemarie Dose

Gründerin der „Hamburger Tafel e.V."
„Das sind meine einzigen Bilder aus der Kindheit mit Schaukel (1931) – man sieht – immer allein – Lebensfreude gibt es nur mit vielen Kindern ‚zusammen'. – Gut behütet, materiell verwöhnt ist bei Weitem keine fröhliche Kindheit. Ich habe es überlebt. Bei meinen Kindern habe ich alles anders gemacht. Immer das Haus voller Nachbarskinder. Ich habe alles nachgeholt!"

Uwe Friedrichsen

Theater- und Fernsehschauspieler, Hörbuch- und Synchronsprecher

Christa Goetsch

Studienrätin, 2001 bis 2008 GAL-Fraktionsvorsitzende in der Hamburger Bürgerschaft, seit 2008 Zweite Bürgermeisterin der Freien und Hansestadt Hamburg (GAL), Senatorin für Schule und Berufsbildung

Christa Goetsch mit ihrem kleinen Sohn auf einer Wippe, Aufnahme 1987

Prof. Dr. Hans-Olaf Henkel

Manager bei IBM, Präsident des Bundesverbandes der Deutschen Industrie und danach der Wissensgemeinschaft Gottfried Wilhelm Leibniz, seit 2006 Berater der Bank of America

„Leider habe ich mich als Kind und Jugendlicher wohl nur selten auf Schaukeln gesetzt und wenn, dann war gerade kein Fotograf zur Stelle. Allerdings fand ich ein Foto von mir auf einer Schaukel. Dieses wurde im Jahre 1999 gemacht. Der Anlass war eine Einladung meines engsten Mitarbeiterstabes beim Bundesverband der Deutschen Industrie. Ich hatte diese Gruppe, die aus ca. 14 Personen bestand, zu einem Ausflug auf mein Segelboot auf dem Bodensee eingeladen. Bei dieser Gelegenheit sind wir in Kirchberg alle von Bord gegangen, um an Land Kaffee und Kuchen einzunehmen.
Das beigefügte Foto zeigt dann auch die Masten der Boote im Hintergrund und mich im Vordergrund – auf einer Schaukel.“

Dr. Stephan Hering-Hagenbeck

Einer der beiden Leiter von „Hagenbecks Tierpark"
„An unserem Hochzeitstag (2. 9. 1995) wurden wir an dem historischen Afrikapanorama im Tierpark von zwei Elefanten überrascht. Sie hielten in ihren Mäulern eine Schaukel. So konnte das junge Ehepaar in eine glückliche, gemeinsame Ehe schaukeln. Ein einmaliger Moment für uns beide!"

Nina Hoger

Filmschauspielerin und Drehbuchautorin
„Dieser Wonneproppen, das bin ich. Tausend Jahre her. An das Schaukelpferd habe ich leider keine Erinnerung mehr, auch nicht, ob mein Opa es selbst gebaut hat. Er hat nämlich sehr viel für mich gebaut und gebastelt in seiner Werkstatt im Keller. Dort roch es immer nach Sägespänen.
Aber eines ist doch wohl offensichtlich: Ich hatte eine sehr glückliche Kindheit bei meinen Großeltern in Hamburg."

Weihbischof Dr. Hans-Jochen Jaschke

Seit 1989 Weihbischof in Hamburg und Schleswig-Holstein, seit 1995 des Erzbistums Hamburg
Aufnahme von etwa 1946, wo er sich auf einer Schaukel wähnte

Bischöfin Maria Jepsen

Evangelisch-lutherische Theologin; u. a. von 1992 bis 2010 Bischöfin des Sprengels Hamburg und seit 2008 des Sprengels Hamburg-Lübeck der Nordelbischen Kirche

„Erinnerung an das Schaukeln

Man war zwischen Himmel und Erde, fast wie ein Vogel. Und die Bäume halfen einem dabei. Bestimmt haben wir manchmal gedacht, Eichen wüchsen auf Erden nur für die Vögel als Wohnung und für uns Kinder, damit an ihren Ästen Schaukeln aufgehängt werden könnten. Eigentlich hoffe ich immer noch, dass das nicht ganz unwahr ist – denn Schaukeln ist ein Vergnügen.“

Michael Jürgs

Buchautor, Journalist, ehem. Chefredakteur von „Stern“ und „Tempo“

entstanden Sommer 2004

Burghart Klaußner

Theater- und Filmschauspieler (u. a. 2009 als Richter in „Der Vorleser“), Regisseur

1954 im elterlichen Garten in Berlin zusammen mit der Nachbarstochter, genannt „die Süße“, und seiner Schwester.

Hans-Ulrich Klose

Jugendstaatsanwalt und Regierungssprecher von Hamburg, dann von 1974 bis 1981 Erster Bürgermeister der Freien und Hansestadt Hamburg. Seit 1983 Mitglied des Deutschen Bundestags (SPD), seitdem u. a. Schatzmeister und Vorsitzender der SPD-Bundestagsfraktion, seit 2003 Vorsitzender der Parlamentariergruppe USA

„Entstanden ist es im August 1951 auf der Durchreise in Hamburg, in Hagenbecks Tierpark. Ich war 14 Jahre alt und mit einem Vorauskommando unterwegs nach St. Peter-Ording, wo die Jungschar der Altstädter Nikolaikirche in Bielefeld ein Sommerferienlager organisierte. Auf dem Foto sitze ich auf einer Querschaukel genau in der Mitte als Dritter von rechts."

Brigitte Kronauer

Schriftstellerin und Essayistin

„ein heute entstandenes Hängemattenfoto aus unserem Garten" (2009)

Volker Lechtenbrink

Theater- und Filmschauspieler, Regisseur, Intendant, Synchronsprecher, Texter und Schlagersänger

Freddy Quinn

Schauspieler und Schlagersänger

„Anbei ein Foto von einem Dreh für den Film ‚Freddy, Tiere, Sensationen' aus dem Jahre 1964 im Zirkus Heros, Hamburg."

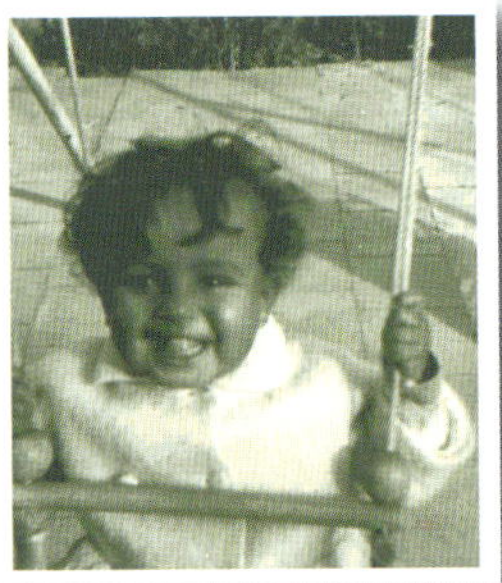

Michail Paweletz

Sprecher und Moderator u. a. der „Tagesschau", „NDR-Kultur" und „Klassik à la carte"

„... ein Bild von meinen ersten Schaukelversuchen 1967 in Heidelberg. Scheint Spaß gemacht zu haben."

Michy Reincke

Musiker, Texter, Sänger, Produzent, ehemals Kopf der Band „Felix De Luxe", Gründer des Musikverlags und Labels RINTINTIN

Januar 2004 am Goldbekplatz

„uma taxi

Sie hieß anders, war kleiner, aber sah ein bisschen so aus wie Uma, diese Schauspielerin & war irgendwas mit 20 & betrunken. Ich sah sie gern an & wir hatten, so gut es ging, miteinander geredet. Irgendwann hatte ich allerdings den Eindruck, sie wolle mich mit ihren, sich um meinen Kopf verteilenden, **schaukel**nden Blicken hypnotisieren. Außerdem sagte sie etwas undeutlich, dass sie verrückt nach mir wäre. Mit jeder Faser ihres Körpers. Ich fühlte mich sehr geschmeichelt & wunderbar unterhalten.

Aber ich ging mit jemandem & wollte es weder ausnutzen, noch ausprobieren & deshalb sagte ich ihr, es sei besser, wenn ich jetzt allein ins Hotel fahren würde. Sie bat mich, sie mitzunehmen & sagte wirklich, ich möge ihr diesen Traum erfüllen & ich dachte: was ist das denn jetzt für 'ne Scheiße; aber ich sagte, das sei keine gute Idee. Sie ließ nicht locker & erst, als ich sie nicht mit ins Taxi ließ (der Tanz ums Taxi war eine Sache für sich), sagte sie mir, dass sie nicht gewusst hätte, was für ein Arschloch ich sei."

Inka Schneider

Journalistin und Moderatorin beim NDR, ferner gibt sie Moderations- und Reporterseminare

„Hier ist jetzt mein Schaukelbild für Ihre Ausstellung.

Der richtige Swing! Entstanden während einer Ayurveda-Kur in Südindien 2007."

Olaf Scholz

Rechtsanwalt, Vorsitzender der SPD in Hamburg, stellvertretender Vorsitzender der Bundestagsfraktion und seit dem 13. November 2009 stellvertretender Bundesvorsitzender der SPD

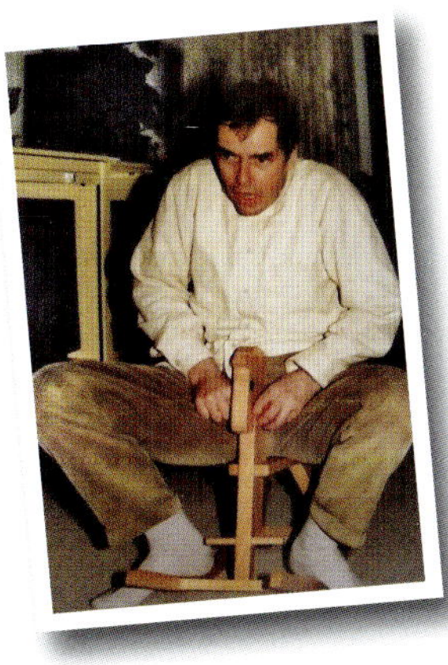

Prof. Dr. Friedemann Schulz von Thun

Psychologe und Kommunikationswissenschaftler, Buchautor

„Das Schaukelbild stammt aus 1997, da wurde unsere Tochter 3 Jahr alt. "

Tony Sheridan

Bandleader, Sänger, Gitarrist (Blues, Folk, Rock, Balladen), einer der Begründer der Beatmusik (1960er-Jahre)

„In seiner Kindheit hat mein Mann nicht geschaukelt. Geboren 1940 in England, mitten im 2. Weltkrieg, gab es in den ersten Jahren seiner Kindheit leider keine Spielplätze mit Schaukeln, Rutschen usw., wie Kinder es heute kennen. Bilder des jungen TS auf einer Schaukel können wir Ihnen daher leider nicht zur Verfügung stellen.

Allerdings haben mein Mann und ich zwei kleine Patenkinder im Alter von einem und drei Jahren, Linus und Julian. Bei der Taufe der beiden kleinen Brüder (am 24. Mai 2009) waren wir mit dem größeren, Julian, anschließend auf dem Spielplatz, wo ich beigefügtes Bild von Julian mit seinem ‚Onkel Tony' machen konnte." Anna Sheridan

Jan Störmer

Architekt, Mitinhaber des Büros Störmer Murphy and Partners

„Bei einer schönen Idee muss man mitmachen. Ein Foto aus dem Kinderalbum kann ich Ihnen nicht anbieten, aber dafür eines meiner schönsten Spielzeuge aus meiner Kindheit, das ich noch sehr oft in die Hand nehme und den kleinen Mann schaukeln lasse, es hat noch immer eine fast therapeutische Wirkung und es ist sehr lustig. Sie sehen, ich lasse zu meinem Vergnügen schaukeln."

Abi Wallenstein
Musiker, Blues-Interpret (Gesang und Gitarre)
„Das Foto entstand im wunderschönem Altonaer Museum, vielleicht sieht man auf meinem Gesicht, wie ich durch die wunderbare Weihnachtssammlung um mich herum verzaubert bin.“

Prof. Dr. Karin von Welck
Ethnologin, von 2004 bis 2010 Senatorin für Kultur, Sport und Medien der Freien und Hansestadt Hamburg (parteilos) aufgenommen Winter 2009

Paul Wunderlich (+ Sophie Nuys, Bildhauerin, Belgien)
Maler, Zeichner, Grafiker und Bildhauer,

Rolf Zuckowski
Musiker, Komponist, Produzent und Autor von Kinderliedern
1992 während seines Liedes „Drachen im Wind“

Ute Protte: Der Schaukel weiter Pendelschlag

Vom Sammeln

Wer anfängt zu sammeln, hat meist keine Ahnung, was da auf ihn zukommt. Man stellt ein paar Dinge nebeneinander, weil sie auf irgendeine Weise gut zusammenpassen, man merkt, dass es noch erstaunlich viele Dinge von derselben Gattung gibt. Schon hat sich so viel Gleichartiges angesammelt, dass die Platzfrage zum Problem wird. Und dann? Man verliert ein bisschen die Übersicht, sucht notgedrungen nach Ordnungskriterien, notiert sie sich. Und schließlich stellt man verwundert fest, dass man zum Verwalter einer immer komplizierter werdenden Versammlung von irgendwie ähnlichen und doch höchst unterschiedlichen Objekten geworden ist, die allmählich ein Eigenleben entwickeln.

Nun muss sich erweisen, ob man ein echter Sammler ist. Dann nämlich macht man – vom Sammlertrieb beflügelt – begeistert weiter, scheut keine Mühe, sich immer mehr Mühe zu machen, indem man immer mehr Stücke in seine Sammlung aufnimmt. Falls man es mit dem Sammeln aber doch nicht so ernst gemeint hat, merkt man spätestens jetzt, dass man sich eine Arbeit aufgebürdet hat, die eigentlich nicht unbedingt nötig ist und dass es noch so viel anderes Interessantes im Leben gibt. – Ob ich will oder nicht, ich gehöre zu den Leuten, die den zuerst genannten Weg gehen. Viele Jahre lang habe ich das Sammeln nie als Zwang empfunden, sondern als ständige Quelle immer neuer Vergnüglichkeiten.

Ich merkte: Sammeln gibt mir die Möglichkeit, in die verwirrende Vielzahl der Dinge um mich herum eine persönlich bestimmte Ordnung zu bringen. Vermutlich ist es ein Wunsch, von dem sehr viele Sammler geleitet werden, in besonderer Weise gilt es aber für die Motivsammler, Menschen also, die sich nicht auf besondere zeitlich und örtlich gebundene Objekte – wie Briefmarken des Deutschen Reiches oder französisches Rokoko-Porzellan – spezialisiert haben, sondern die einer besonderen Erscheinung, quer durch alle Zeiten, Länder und Bedeutungsebenen nachgehen. Jeder Sammler versucht wohl, eine Einheit sichtbar zu machen, die im Laufe der Zeit verlorengegangen ist oder die noch nie so wahrgenommen wurde. Der Motivsammler geht noch einen Schritt weiter: Er rettet nicht nur ein Stück Lebensrealität, macht es überschaubar, sondern er lässt eine Idee sichtbar werden. Er versucht zu erfassen, wie sich diese Idee zu verschiedenen Zeiten, zu verschiedenen Orten und in ganz verschiedenen Lebensbereichen ausprägt.

Warum ausgerechnet Schaukeln?

Schon als Kind habe ich gerne geschaukelt, und bis heute habe ich den Spaß daran nicht verloren. Weit in den Himmel schwingen und gleichzeitig sicher mit der Erde verbunden, was könnte schöner sein? Freiheitsdrang und Sicherheitsbedürfnis lassen sich beim Schaukeln wunderbar verbinden.

Auf die Idee, Schaukelmotive zu sammeln, bin ich allerdings erst durch meine Vorliebe für Museumsbesuche gekommen. Irgendwann sah ich das Bild einer schaukelnden jungen Dame. Sofort faszinierte mich die Frage, wie Künstler es eigentlich schaffen, Bewegung auf der ebenen Fläche darzustellen. Ich wartete auf weitere Schaukelbilder, fand sie auch und knipste sie in der Hoffnung, es schließlich auf mindestens zehn Abbildungen

Ute Protte mit der Porzellanskulptur „Schaukelnde Mädchen“

zu bringen. Aber als ich mir über das Schaukeln mehr Hintergrundwissen erwerben wollte, erlebte ich eine herbe Enttäuschung: In einschlägigen Nachschlagewerken fand ich kaum Hinweise, und eine Monografie gab es erst recht nicht. Hauptantrieb für meine Schaukel-Sammelleidenschaft war im Grunde mein Ärger über diese Forschungslücke. Was ich nicht nachlesen konnte, musste ich eben selbst herausfinden. Dazu brauchte ich möglichst viele Beispiele für Schaukelsituationen. „Der Schaukel weiter Pendelschlag", so lautet ein Vers aus einem Gedicht von Sarah Kirsch. Mich hat dieser „Pendelschlag" immer weiter getragen – von deutschen Kinderspielplätzen in die Vorstellungswelt des hinduistischen Götterkultes, von den Volksbelustigungen auf Jahrmärkten bis zu den exklusiven Schäferspielen des Adels im Rokoko, von der Psychotherapie bis zu schlimmen Foltermethoden, von Theaterkulissen bis zur Symbolsprache der Dichtung, von der Bildenden Kunst bis zu Werbestrategien und immer noch weiter. Aus den erhofften zehn Fotografien wurden allmählich 7000 Sammlungsobjekte, aus dem erwarteten überschaubaren und klar begrenzten Sammelgebiet entwickelte sich eine Kulturgeschichte der Schaukel.

Leben mit der Sammlung

Sammeln bedeutet, ständig neuen Platz schaffen zu müssen, und darin entwickelte ich einigen Einfallsreichtum. Zum Glück wohne ich in einem großen alten Haus. Da bieten sich viele Wände für Bildergalerien an, viele Treppenstufen, auf denen dekorativ Schaukelmodelle aufgestellt werden können, Fenster, in denen luftige Schaukelinstallationen schweben, Abstellräume, wo weniger dekorative, aber doch interessante Stücke in Containern ein wohlgeordnetes Dasein fristen dürfen. Es hat mir viel Vergnügen bereitet, meine Sammlungsobjekte immer wieder zu neuen, überraschenden Ensembles zusammenzustellen.
Mehr noch beeindruckte mich jedoch die ungeahnte Dynamik, die von einer mit Freude und Ernst betriebenen Sammlung ausgeht.

Meine Begeisterung griff in erstaunlich hohem Maße um sich, immer zahlreicher wurden die Menschen, die mir beim Sammeln halfen. Freunde auf Reisen entdeckten an den verschiedensten Stellen der Welt Schaukeln, mal winzig, mal riesengroß. Dass es z. B. auf Kreta einen ganz frühen Schaukelfund gibt, ist mir im Laufe der Jahre auf diversen Urlaubskarten anschaulich mitgeteilt worden. Ich selbst war nie dort. Bei Sammlertreffen stieß ich auf Gleichgesinnte, von denen zwar niemand Schaukeln sammelte, die aber von meiner Schaukelleidenschaft angesteckt wurden und stets an mich dachten, wenn sie irgendwo auf etwas Schaukelndes trafen. Natürlich habe ich auch an sie und ihre Sammelgebiete gedacht. Da ich mich oft auf Flohmärkten, Kunstausstellungen und Sammlerbörsen umschaute, lernte ich zudem viele Händler kennen, die zu Recht ein gutes Geschäft witterten. So entwickelte sich mit der Zeit ein überaus reger Briefwechsel. Unzählige Telefongespräche mit Sammlerfreunden und Kunsthändlern von nah und fern fanden statt. Schließlich hatte ich das Gefühl, über Deutschland und darüber hinaus ein Netz gespannt zu haben, bequem wie eine Spinne am Rande zu sitzen und in Ruhe warten zu können, dass mir immer mehr Schaukeln ins Netz gingen.
Meine Sammlung wuchs und wurde immer komplizierter. Dass ich trotzdem viele Jahre lang die Übersicht behielt, meine Freude am Sammeln mehr als zwanzig Jahre lang währte, habe ich nicht zuletzt der Tatsache zu verdanken, dass für mich just im richtigen Augenblick die Digitalisierung der Welt einsetzte und mein Ehemann, schon von Anfang an ein begeisterter Computer-Nutzer, mir erfolgreich die typischen Vorbehalte von „Geistesarbeitern" gegen solche „seelenlose Technik" austrieb. Ich sah schnell ein, wie hilfreich und kräftesparend es ist, statt riesiger Karteikästen eine Datenbank zu nutzen, sie mehrfach durch neue Felder zu erweitern und aus den Kombinationen solcher Felder neue Erkenntnisse zu gewinnen. Dass hierin auch Gefahren liegen, habe ich zu Anfang allerdings nicht gewusst. Einen großen Zettelkasten hätte jeder Museumsfachmann einfach übernehmen können, auch noch nach fünfzig oder hundert Jahren, aber um eine zwanzig Jahre alte Datenbank nutzen zu können, braucht ein Museum schon einen ver-

sierten Computer-Spezialisten, denn inzwischen hatte die allmächtige Firma Microsoft ihre Computer-Programme mehrfach gewinnbringend so verändert, dass die alten Programme auf neuen Computern nicht mehr lesbar sind.
Ein Sammlerleben besteht aus emsigem Suchen, Sichten und Sortieren, manchen Enttäuschungen und vielen teils kleinen und häufig sogar großen Glücksmomenten. Irgendwann kommt aber unweigerlich der Zeitpunkt, wo man sich wie Goethes Zauberlehrling fühlt. Man kann die Kräfte, die man entfesselt hat, nicht mehr allein bannen. Ich spürte immer mehr, dass der Platz für neue Sammlungsobjekte knapp wurde. Meine vielen großen Sammelbände schienen förmlich an Gewicht zuzunehmen, weil meine rheumageplagten Hände sie nicht mehr ohne Schmerzen heben konnten, ich bekam schließlich Angst, dass alles wuchernd im Chaos versinken könnte. Welche Bürde hätte ich damit meiner Tochter auferlegt …
Wie gut, dass ich den Mut aufgebracht habe, eine höfliche Anfrage an das mir schon vorher wohlbekannte Altonaer Museum zu richten. Die Ausstellung „Verschaukelt!“ zeigt es.

Lüneburg, im März 2010

Anmerkungen und Literatur

1 Wense, Jürgen von der: Die Schaukel. In: Die Sammlung. Zeitschrift für Kultur und Erziehung. 1. Jg. 1945/1946. Vandenhoeck & Ruprecht-Verlag, Göttingen 1946, H. 7, S. 427–429
2 Meister, Margit: Der bodenlose Raum. Über das Schaukeln und die Möglichkeit des Freien Falls. Visuelle und poetische Annäherungen an das Schaukeln der Raumgrenzen. Diplomarbeit der Fachhochschule Hamburg, Fachbereich Kommunikationsdesign, Hamburg 1999, S. 7
3 Seit 1999 sind einige Examensarbeiten zur Schaukel verfasst worden, jedoch überwiegend in den Fachrichtungen Kommunikationsdesign und Gestaltung. Darin werden im Wesentlichen die Form und Gestaltung von Schaukeln und ähnlichen Produkten thematisiert.
4 Krünitz, D. Johann Georg: Oeconomische Encyklopädie, oder allgemeines System der Staats=Stadt=Haus= und Landwirthschaft in alphabetischer Ordnung; Ein- und Siebzigster Theil, von Leib=Rente, bis Leibes=frey. Nebst 11 Kupfertafeln auf 3 Bogen. Joseph Georg Traßler-Verlag, Brünn 1799, Bd. 71, S. 582ff.
5 Grimm, Jacob und Wilhelm: Deutsches Wörterbuch von Jacob Grimm und Wilhelm Grimm. Achter Band. Bearb. und unter Leitung von Dr. Moriz Heyne. Verlag von S. Hirtel, Leipzig 1893, Sp. 2345–2347
6 a.a.O., Sp. 2345
7 siehe auch: Hildebrandt, Paul: Das Spielzeug im Leben des Kindes. Neudr., Nachdr. der Ausg. Verlag von G. Söhlke, Berlin 1904. Diederichs-Verlag, Köln 1979, S. 212; Comenius, Johann Amos: Orbis sensualium pictus. Die bibliophilen Taschenbücher. Harenberg Kommunikation, Dortmund 1979², Nr. CXXXVI., S. 276
8 Röhrich, Lutz: Lexikon der sprichwörtlichen Redensarten, Herder-Verlag, Freiburg 1991, S. 1309
9 Küpper, Heinz: Wörterbuch der deutschen Umgangssprache, Directmedia Publication, Berlin 2007 (Digitale Bibliothek Band 36) © Marianne Küpper, S. 1900 ff.
10 a.a.O., S. 1920 ff, 1950 ff.
11 a.a.O., S. 1870, 1914 ff, 1920, 23822 und 23823
12 Handwörterbuch des deutschen Aberglaubens. Hg. unter besonderer Mitwirkung von E. Hoffmann-Kayer und Mitarbeiter zahlreicher Fachgenossen von Hanns Bächthold-Stäubli, Bd. 7, de Gruyter, Berlin, Leipzig 1935/36, Sp. 1017–1019
13 Mussäus, Johann Jakob Nathanael: Ueber die niedern Stände auf dem flachen Lande in Meklenburg-Schwerin (Aufsatz 6, Bd. 2). In: Jahrbücher des Vereins für Mecklenburgische Geschichte und Altertumskunde , Schwerin 1837, S. 107–140, Regel 21 und 22
14 Handwörterbuch des deutschen Aberglaubens. Hg. unter besonderer Mitwirkung von E. Hoffmann-Kayer und Mitarbeiter zahlreicher Fachgenossen von Hanns Bächthold-Stäubli, Bd. 7, de Gruyter, Berlin, Leipzig 1935/36, Sp. 1017–1019
15 Lölhöffel-Thorau, Hedwig von: Vom Festefeiern in Ostpreußen. Berichte über die Festbräuche zu Hause und Anregungen für Familie und Arbeit mit Gruppen. Hg. von der Landsmannschaft Ostpreußen, Abt. Kultur, Leer 1987, S. 10/11
16 Thomas Kaspar, Volkssport Schaukeln, in: http://www.mdr.de/windrose/2149341.html (abgerufen am 7.5.2010)
17 Protte, Ute: Schaukeln ist (k)ein Kinderspiel, Lüneburg 1995
18 Meyers Enzyklopädisches Lexikon. Neunte, völlig bearbeitete Neuauflage. Bibliographisches Institut, Mannheim, Wien, Zürich, 1979, Bad 25, S. 333
19 Mit einem sog. Stichel werden Linien in das Holz gezogen, die später mit einem Material gefüllt werden, um diese sichtbar zu machen.

20 Kirsten, Gustav: Die Blankeneser Trachten aus den Jahren 1780 bis 1860. Selbstverlag, Blankenese 1931, Subskription-Ausgabe, S. 58-63
21 Das Vestibuläre System reagiert „auf die Kopfhaltung in bezug zur Schwerkraft der Erde sowie auf verlangsamte oder beschleunigte Bewegungen". Ayres, Anna Jean: Bausteine der kindlichen Entwicklung. Die Bedeutung der kindlichen Integration der Sinne für die Entwicklung des Kindes. Mit Unterstützung von Jeff Robbins. Aus dem Amerikan. übers. von I. und R.-W. Flehmig, Springer-Verlag, Berlin 1998, 3. korrigierte Auflage, S. 324
22 Gelbke, Nicole: Schaukelsitzmöbel oder Hollywood-Schaukel – eine Neuinterpretation. Diplomarbeit der Hochschule Niederrhein, Studiengang Produktdesign, Fachrichtung Objektdesign, Krefeld 2003, S. 18; Ayres, Anna Jean: Bausteine der kindlichen Entwicklung. Die Bedeutung der kindlichen Integration der Sinne für die Entwicklung des Kindes. Mit Unterstützung von Jeff Robbins. Aus dem Amerikan. übers. von I. und R.-W. Flehmig, Springer-Verlag, Berlin 1998, 3. korrigierte Auflage, S. 319
23 http://www.ksbg.ch/fg_sport/website/sportundbewegung/pdf_Dateien/kantiinform/koordination2000.pdf, S. 5, und ISSW der Universität Basel, Bewegungslehre B1, Wahrnehmung und Empfindung, http://eva.unibas.ch/?c=6246 (abgerufen am 15.6.2009)
24 Ayres, Anna Jean: Bausteine der kindlichen Entwicklung. Die Bedeutung der kindlichen Integration der Sinne für die Entwicklung des Kindes. Mit Unterstützung von Jeff Robbins. Aus dem Amerikan. übers. von I. und R.-W. Flehmig, Springer-Verlag, Berlin 1998, 3. korrigierte Auflage, S. 22ff.
25 a.a.O., S. 22ff.
26 Günther, Joachim: Ein Schaukeln in Saus und Braus. Diplomarbeit der Fachgruppe Innenarchitektur, Halle 2004, S. 5/6
27 Kükelhaus, Hugo; Lippe, Rudolf zur: Entfaltung der Sinne. Ein „Erfahrungsfeld" zur Bewegung und Besinnung. Fischer alternativ, Frankfurt/M. 1994, S. 103
28 Die Vase befindet sich in Boston, Museum of Fine Art, Inv.Nr. 98.918. Beazley, J. D.: Attic Black-figured Vase-Painters, Oxford 1956, 306 Nr. 41; Boardman, John: Schwarzfigurige Vasen aus Athen. Ein Handbuch, Mainz 1977, Nr. 71; Böhr, Elke: Der Schaukelmaler, Forschungen zur antiken Keramik : Reihe 2, Kerameus , Band 4, Philipp von Zabern, Mainz/Rhein 1982, Kat. Nr. 63. Etwas jüngeren Datums sind weitere Amphoren mit ebenfalls schaukelnden Mädchen aus der Zeit von 525–520 v. Chr.: Kat. Nr. 120, aus dem Louvre, Inv.Nr. F 60 und aus Stuttgart Inv. Nr. 65/ 1.
29 Boehm, Fritz: Das attische Schaukelfest, in: Festschrift für Eduard Hahn zum LX. Geburtstag. Dargebr. von Freunden und Schülern, Verlag Strecker und Schröder, Stuttgart 1917, Studien und Forschungen zur Menschen- und Völkerkunde 14, S. 280–291
Abbildung eines Skyphos , eines etwa zwanzig Zentimeter hohen Trinknapfes aus Ton, ca. 440 v. Chr., Staatliche Museen Berlin. Siehe auch Müller, Peter: Aiora, das Fest der Schaukel. Ein merkwürdiges Bild. Auf einer Schaukel schwebt ein Mädchen. Der Wind bläst ihr Kleid auf, das lange Haar flattert, die Beine sind vorgestreckt, in: Tagesanzeiger, Schweiz, vom 27.10.2007.
30 Schneider, Lambert; Kloth, Nicole: Kreta: 5000 Jahre Kunst und Kultur: Minoische Paläste, byzantinische Kapellen und venezianische Stadtanlagen, Edition 3, DuMont Reiseverlag, Köln 1998, S. 54 und S. 108. Abbildung unter http://commons.wikimedia.org/wiki/File:Museu_arqueologic_de_Creta33.jpg (abgerufen am 7.5.2010)
31 Böker, Carmen: Die leere Schaukel. Das Museum für Völkerkunde nimmt „Blickkontakte mit indischen Göttern" auf, Berliner Zeitung vom 18.7.1998
32 Eidlitz, Walter: Bhakta. Eine indische Odyssee, unter Kapitel „Das Fest der Unberührbaren", http://www.bhakti-yoga.ch/Buch/Bhakta/Bhakta10.html (abgerufen am 7.5.2010)

33 Peter, Bernhard: Feiern und Feste. Feste der Hindus in Indien, http://www.kultur-in-asien.de/Feste/hindufeste.htm (abgerufen am 7.5.2010)

34 http://slides-www.ucsc.edu/subjects/dbms.acgi$detail?37650 und http://www.scribd.com/doc/11578905/ajantarhapsody, S. 98, 99 (abgerufen am 7.5.2010)

35 Protte, Ute: Schaukeln ist (k)ein Kinderspiel. Begleitbuch für eine Ausstellung zur Kulturgeschichte der Schaukel, Lüneburg 1995, S. 47

36 Mallebrein, Cornelia: Darshan. Blickkontakte mit indischen Göttern. Die ländliche und tribale Tradition. Mit Beiträgen von Wibke Lobo. Veröffentlichungen des Museums für Völkerkunde Berlin. Neue Folge 67. Fachreferat Süd- und Südostasien. Staatliche Museen zu Berlin, Preußischer Kulturbesitz, Berlin 1998

37 Die Orientierung am Sonnenverlauf spiegelt sich auch in anderen Kulturen wider, so auch bei den „Kiiki"-Schaukelfesten in Estland (S. 14).

38 Buch für Alle, Heft 15, (1907?), S. 352/3. Zeichnung: F Daddy. 15 x 22 cm (Bild), 37 x 26 cm (Blatt)

39 Bergengruen, Werner: Die leichte Erde. In: Die Sultansrose und andere Erzählungen, Benno Schwabe & Co.-Verlag, Basel 1953; S. 171 ff.; Protte, Ute: Schaukeln ist (k)ein Kinderspiel. Begleitbuch für eine Ausstellung zur Kulturgeschichte der Schaukel, Lüneburg 1995, S. 43

40 Myss, Walter: St. Paulus auf der Schaukel. Matthias-Grünewald-Verlag, Mainz 1963, Abb. S. 11

41 Artikel aus der Webseite Arte vom 13.11.2006: http://www.arte.tv/de/Die-Welt-verstehen/Geschichte/Historisches-Bild-des-Monats/Ungarns-Schrei-nach-Freiheit/1362936.html (abgerufen am 7.5.2010)

42 Kofler, Waltraud; Nothdurfter, Hans; Rupp: St. Prokolus in Naturns. Tappeiner Verlag, Lana 1996, S. 57

43 Kunsthistorisches Museum zu Wien

44 Museum Unterlinden, Colmar

45 In der Malerei oder Skulptur findet sich häufig eine Putte (Plural: Putten; oder auch in der italienischen Schreibweise: Putto, Putti), bei der es sich um eine bekleidete oder – was häufiger vorkommt – nackte Kindergestalt handelt, entweder mit oder ohne Flügel. In christlichen Darstellungen finden sich des Öfteren Putten und manchmal werden diese mit Kinderspielzeug dargestellt.

46 Hills, Jeanette: Das Kinderspiel von Pieter Bruegel d. Ä. (1560). Eine volkskundliche Untersuchung. Veröffentlichung des Österreichischen Museums für Volkskunde. Band X. Selbstverlag des Österreichischen Museums für Volkskunde, Wien 1957, S. 9

47 Vermutlich der unwissende Ehemann

48 Baur, Eva-Gesine: Die Lust der Liebe und die Angst vor dem Sturm, S. 6–12, in: PAN. Unsere herrliche Welt, Heft 10, Oktober 1985 (Verlag Burda GmbH, Offenburg); Fragonard, in: Maler. Leben, Werk und ihre Zeit, Heft 51, 1986 (Marshall Cavendish Ltd., Hamburg)

49 Brühl, Georg: Porzellanfiguren. Zierde des bürgerlichen Salons. Callwey-Verlag, München 1989, S. 124–129

50 Lebeck, Robert; Kaufmann, Gerhard: Viele Grüße… Eine Kulturgeschichte der Postkarte. Harenberg Kommunikation, Dortmund 1985, S. 418

51 Protte, Ute: Schaukeln ist (k)ein Kinderspiel. Begleitbuch für eine Ausstellung zur Kulturgeschichte der Schaukel, Lüneburg 1995, S. 88

52 Högfeldt, Robert: Das harmonische Familienleben. 40 Zeichnungen mit Versen von Hayno Focken. Paul Neff Verlag, Wien 1945, o. S., unter „Die Erbtante"

53 Mallet, Pat: ... die kleinen grünen Männchen sind immer noch dabei. Von der Jungfrau von Orleans über Casanova bis Napoleon. Fischer-Verlag, Frankfurt / M. 1985, S. 58

54 Mislaid Masterpieces: Swinger by Fragonard. Verschollene Meisterwerke: Die

Schaukel von Jean-Honoré Fragonard, Lithografie, koloriert mit Wasserfarben und Kreide, 1980. 65 x 50 cm. Bez. u.r. Ronald Searle 1980

55 Philippe Ariés: Geschichte der Kindheit. Mit einem Vorwort von Hartmut von Hentig. Aus dem Französischen von Caroline Neubaur und Karin Kersten. Hanser Verlag, München, Wien 1977, 4. Auflage, S. 209

56 Der Soziologe Ferdinand Tönnies (1855–1936) prägte 1887 die Begriffe „Gemeinschaft" und „Gesellschaft". Unter Gemeinschaft verstand er die Einbindung des einzelnen Menschen in ein größeres soziales Gefüge, wie zum Beispiel innerhalb einer Kirchengemeinschaft oder eines Dorfes. Die „Gesellschaft" dagegen ist ein übergeordnetes Konstrukt, bei der die Menschen nicht mehr sozial verbunden, sondern voneinander getrennt sind. Sie kann dazu dienen, sich an Gesetze zu halten, und ist demzufolge zweckgebunden; der eine bedient sich des anderen auf instrumentelle Weise. Tönnies, Ferdinand: Gemeinschaft und Gesellschaft, 4. unveränd. Auflage, Nachdruck der 8. Aufl. von 1935, Wissenschaftliche Buchgesellschaft, Darmstadt 2005 (Bibliothek klassischer Texte)

57 Philippe Ariés: Geschichte der Kindheit. Mit einem Vorwort von Hartmut von Hentig. Aus dem Französischen von Caroline Neubaur und Karin Kersten. Hanser Verlag, München, Wien 1977, 4. Auflage, S. 120–125

58 Weber-Kellermann, Ingeborg: Die Kindheit. Kleidung und Wohnen. Arbeit und Spiel. Eine Kulturgeschichte. Insel-Verlag Frankfurt / M. 1989, S. 70

59 Goethes Werke. Weimarer Ausgabe (Sophienausgabe). 143 Bände, Weimar, 1887–1914. Abt. IV: Briefe, an Eckermann, S. 296

60 Mathys, F. K.: Ist die schwarze Köchin da? Alte Kinderspiele. Verlag Huber, Frauenfeld 1983, S. 21

61 Helke, Gun-Dagmar: Fayencen des Museums für Kunst und Gewerbe. Museum für Kunst und Gewerbe, Hamburg 2006, S. 67

62 Olma, Bernadette: Spielzeug im Wandel, in: Metz-Becker, Marita (Hg.): Schaukelpferd und Schnürkorsett. Kindheit um 1800. Jonas-Verlag, Marburg 2002, S. 38

63 Matsch und Wasser gegen die Langeweile. Seit dreißig Jahren entwickelt Günter Beltzig Spielplätze und Spielgeräte – und hört dabei auf die Wünsche der Kinder, in: DIE ZEIT vom 21.12.2007

64 Backeberg, Curt (verantwortlicher Redakteur): Planten un Blomen. Niederdeutsche Gartenschau, Hamburg 1935. Altona 1935, Baurat Hans Meding, Leiter des Garten- und Friedhofswesens in der Behörde für Technik und Arbeit, in seiner Einführung, S. 26

65 Bundesarbeitsgemeinschaft „Mehr Sicherheit für Kinder e.V.", in: http://kindersicherheit.de/html/spielplatz_geraete.html (abgerufen am 7.5.2010)

66 Zglinicki, Friedrich von: Die Wiege. Volkskundlich – kulturgeschichtlich – kunstwissenschaftlich – medizinhistorisch. Wiegentypologie. Verlag Friedrich Pustet, Regensburg 1979, S. 34

67 a.a.O., S. 29

68 Grimm, Jacob und Wilhelm: Deutsches Wörterbuch von Jacob Grimm und Wilhelm Grimm. Achter Band. Bearb. und unter Leitung von Dr. Moriz Heyne. Verlag von S. Hirtel, Leipzig 1893, Sp. 2347

69 Hinrichsen, Torkild: Spielzeug. Ein Kindertraum. Spielen und Spielzeug in Norddeutschland aus der Sammlung des Altonaer Museums in Hamburg. Husum Verlag, Husum 1996, S. 103

70 Cramer, Peter: Museum Schloss Ehrenstein Ohrdruf. Ohrdrufer Spielzeug / das Fellschaukelpferd. Broschüre, Bartheldruck Arnstedt, o. J. Um 1850 siedelten namhafte Betriebe der Porzellan-, Puppen- und Spielwarenindustrie in Ohrdruf. Unter anderem wurde diese Stadt bekannt mit der Erfindung des naturfellbezogenen Schaukelpferdes. Seit 1997 ist Ohrdruf Mitglied im Verein „Deutsche Spielzeugstraße e.V.", http://www.ohrdruf.de (Stadtgeschichte) (abgerufen am 7.5.2010).

71 http://www.illegaledomain.de/Rossmacherei/Deutsch/Herstellung.htm (abgerufen am 7.5.2010)
72 Wiesemann, Irena: Kinderliteratur, in: Metz-Becker, Marita (Hg.): Schaukelpferd und Schnürkorsett. Kindheit um 1800. Jonas-Verlag, Marburg 2002, S. 50
73 Dering, Florian: Volksbelustigungen. Eine bildreiche Kulturgeschichte von den Fahr-, Belustigungs- und Geschicklichkeitsgeschäften der Schausteller vom 18. Jahrhundert bis zur Gegenwart. Greno-Verlag, Nördlingen 1986, S. 29
74 a. a. O., S. 47
75 Auch in: Lehmann, Alfred: Zwischen Schaubuden und Karussells. Ein Spaziergang über Jahrmärkte und Volksfeste. Verlag Dr. Paul Schöps, Frankfurt / M. 1952, S. 39
76 Forster, Karl: Schiffschaukel. Liebe, Sex und Schmerz: Kein Fahrgeschäft ist symbolträchtiger, denn das Schiff schaukelt uns wie das Leben, in: Süddeutsche Zeitung vom 27.8.2008
77 Dering, Florian: Volksbelustigungen. Eine bildreiche Kulturgeschichte von den Fahr-, Belustigungs- und Geschicklichkeitsgeschäften der Schausteller vom 18. Jahrhundert bis zur Gegenwart, Greno-Verlag, Nördlingen 1986, S. 115
78 a. a. O., S. 36/37
79 Berger, Roland; Winkler, Dietmar: Zirkusbilder, Henschelverlag Kunst und Gesellschaft, Berlin 1983, S. 10 ff.
80 Als Eigenname wird für die Bezeichnung „Zirkus“ gerne die lateinische Bezeichnung verwendet.
81 Kusnezow, Jewgeni: Der Zirkus der Welt. Mit einem ergänzenden Teil von Ernst Günther und Gerhard Krause. Henschelverlag Kunst und Gesellschaft, Berlin 1970, S. 111/112
82 Kusnezow, Jewgeni: Der Zirkus der Welt. Mit einem ergänzenden Teil von Ernst Günther und Gerhard Krause. Henschelverlag Kunst und Gesellschaft, Berlin 1970, S. 111/113
83 http://www.thonet.de/de/der-schaukelstuhl-s-826-klare-anmutung-eleganter-schwung.html (abgerufen am 7.5.2010)
84 Air Force One von John F. Kennedy: Liftmaster VC–118A, begehbar ausgestellt im Pima Air and Space Museum, Tucson, Arizona, http://www.pimaair.org/collection-detail.php?cid=92 (abgerufen am 7.5.2010)
85 Aus der Ausstellung „John F. Kennedy“ im Deutschen Historischen Museum, http://www.dhm.de/ausstellungen/kennedy/exhibition/314.htm (abgerufen am 7.5.2010) und „Stillstand im Schaukelstuhl“, im Spiegel 29/1962 vom 18.7.1962, S. 14.
86 Spiegel-Fotostrecke vom 16.2.2005, 3. Aufnahme, http://www.spiegel.de/fotostrecke/fotostrecke-6868.html (abgerufen am 7.5.2010)
87 Wikipedia: http://de.wikipedia.org/wiki/Hollywood-Schaukel (abgerufen am 7.5.2010)
88 Kaum eine andere Werbung wie die zur Wellenbadschaukel hat so eine starke Verbindung von Schaukeln, Naturgefühl und Produkt hergestellt und die Menschen besgeistert. Deshalb sei dem Kapitel zur Wellenbadschaukel besonders breiter Raum gewidmet.
89 Meyers Konservations-Lexikon, Bd. 20, 1906; da es aber die Seife als Reinigungsmittel erst ab ca. 170 n.Chr. gibt, war andererseits das Baden vor dieser Zeit unentbehrlicher gewesen, weil Seife bekanntlich die Poren öffnet und Schmutz auf der Haut leichter entfernt, siehe: Feldhaus, Franz Maria; Siegfried, Karl: Das blaue Badewannenbuch, Verlag der Krausswerke, Schwarzenberg (Sachsen) 1932, S. 11
90 a.a.O., Bd. 14, 1906
91 Feldhaus, Franz Maria; Siegfried, Karl: Das blaue Badewannenbuch, Verlag der Krausswerke, Schwarzenberg (Sachsen) 1932, S. 92
92 Hansgrohe (Hg.): Badewonnen. Gestern. Heute. Morgen. DuMont Buchverlag, Köln, 1993, S. 123

93 Feldhaus, Franz Maria; Siegfried, Karl: Das blaue Badewannenbuch, Verlag der Krausswerke, Schwarzenberg (Sachsen) 1932, S. 54

94 Uhlig, Judith: Treptow. Geschichte der Berliner Verwaltungsbezirke (hg. von Wolfgang Ribbe). Band 22. Stapp Verlag, Berlin 1995, S. 66–72

95 Schmidt, Hans-Gerd; Wiesener, Bernd (Hg.): Werbefilme. Spiegel der Zeiten. Chronik des Alltags. Streifenweise 2, hg. vom Film-Archiv Lippe e.V. Verlag für Regionalgeschichte, Bielefeld 2002, S. 178/9

96 Oskar Messter, ein „Pionier des deutschen Films", produzierte 1896/1897 für eine Schlussnummer eines Varietés den Werbestreifen von Moosdorf & Hochhäusler mit dem Titel „Bade zu Hause", den er ausschließlich im Kunstlicht – ebenfalls ein Novum – entwickelte. Jedoch fand der Film keine große Verbreitung, da dieser nur in Varietés gezeigt wurde. Gudermann, Rita, Wulff, Bernhard: Der Sarotti-Mohr. Die bewegte Geschichte einer Werbefigur. Christoph Links-Verlag, Berlin 2004, S. 84; Oppelt, Ulrike: Film und Propaganda im Ersten Weltkrieg: Propaganda als Medienrealität im Aktualitäten und Dokumentarfilm. Diss. Univers. Berlin 2001. Steiner Ver lag, Stuttgart 2002, S. 328

97 Kulke, Ulli: Ultrasturzwelle, in: „Mare", Die Zeitschrift der Meere. No. 43., April/Mai 2004. S. 30–32 (Inv.Nr. 2007.20.3290)

98 Hofmann, Rainer; Kerkhoff-Hader, Bärbel; Peek, Thomas: Das blaue Gold – Die Welt des Wassers. Sonderausstellung im Fränkischen Schweiz-Museum Tüchersfeld vom 1. 6.–5. 11. 2001 in Pottersheim. Ausstellungskatalog Band 7. Tüchersfeld 2001, S. 38

99 Protte, Ute: Die Wellenbadschaukel – Ein Reklamefeldzug um 1900, in: Pieske, Christa; Ziehe, Irene; Vanja, Konrad; Nagy, Sigrid (Hg.): Arbeitskreis Bild Druck Papier. Tagungsband Berlin 2000, Waxmann-Verlag, Münster 2002, S. 53

100 Rieder, Hermann: Körperpflege durch Wasseranwendung. Verlag von Ernst Heinrich Moritz, Stuttgart. Zweite verbesserte Auflage 1916, S. 135–136

101 Die üblichere Schreibweise in Deutschland ist „Sissy" oder „Sissi".

102 Süddeutsche Zeitung, 25. 7. 2008, http://www.sueddeutsche.de/muenchen/467/303462/text/8/ (abgerufen am 7. 5. 2010)

103 Kramer, Klaus: Das private Hausbad 1850–1950 und die Entwicklung des Sanitärhandwerks. Hansgrohe Schriftenreihe Band 1. Schramberg 1997, S. 63

104 Diedrich, Waldemar: ...daß sich der Mensch drin wohlig strecke. Eine meist vergnügliche Kulturgeschichte des Bades. Dargereicht in einundzwanzig Verskapiteln mit Illustrationen von Heinz Georg Podehl. Edition Peintner, Wuppertal 1984, S. 34/35

105 Jones, Barbara; Ouellette, William: Erotische Postkarten, DuMont-Verlag, Köln 1977, S. 6/7

106 Fuchs, Eduard: Illustrierte Sittengeschichte in sechs Bänden. Ausgewählt und eingeleitet von Thomas Huonker. Band 3: Die galante Zeit I, Fischer TB, Frankfurt / M., 1985, S. 151–171

107 Cuzin, Jean-Pierre: Fragonard. Leben und Werk. Ein Oeuvre-Katalog der Gemälde. Aus dem Franz. von Jutta-Julia Magnin-Hassemer. Klinkhardt und Biermann-Verlag, München 1988, S. 97–99; Schmidt-Linsenhoff, Viktoria (Hg.): Sklavin oder Bürgerin? Französische Revolution und neue Weiblichkeit 1760–1830, Jonas-Verlag, Marburg 1989, S. 758

108 Fuchs, Eduard: Illustrierte Sittengeschichte in sechs Bänden (1910). Neudruck. Band 3 und 4: Die galante Zeit I und II; Band 5 und 6: Das bürgerliche Zeitalter I und II, Fischer TB, Frankfurt / M., 1988, Bd. 3, S. 172

109 Bei Stereofotos, auch stereoskopisches Halbbild genannt, handelt es sich um zwei nebeneinander angebrachte leicht perspektivisch unterschiedliche Bilder, die – eingeschoben in ein dafür hergestelltes Betrachtungsgerät – dem Betrachter derselben ein räumliches Sehen vorgeben.

110 Fowkes, Charles (Hg.): Kamasutra. Ananga-Ranga. Der duftende Garten. Die Geheimnisse orientalischer Liebeskunst. Nach einer Übersetzung von Sir Richard Burton und F. F. Arbuthnot. Aus dem Englischen von Inge Uffelmann. Bassermann'sche Verlagsbuchhandlung, Niedernhausen / Ts. 1990, S. 81; Douglas, Nik; Slinger, Penny: Liebe & Erotik in den Malereien Indiens und Nepals. Aus dem Amerikanischen von J. Saupe, Sphinx-Medien-Verlag, Basel 1989, S. 43, 44, 47

111 Z.B. auch abgebildet und beschrieben in: Schmid, Max: Klinger, in: Künstlermonographien. In Verbindung mit Andern herausgegeben von H. Knackfuß, Band XLI, Verlag Oelhagen & Klasing, Bielefeld und Leipzig 1899, S. 28, 40; Max Klinger. Boetzkes, Manfred (Bearb.): Wege zum Gesamtkunstwerk. Roemer- und Pelizaeus-Museum, Hildesheim, Verlag Philipp von Zabern, Mainz 1984, S. 85

112 Klinger, Max: 12 Bildpostkarten nach Radierungen aus dem Besitze des Museums der Bildenen Künste zu Leipzig. Mit einer Einleitung von Prof. Dr. Johannes Jahn. Hans C. Schmiedecke Markkleeberg-Leipzig, o. J. (um 1907)

113 Wann „Der Junggeselle" erschien, ist aus der Zeitschriftendatenbank (ZDB) nicht exakt zu ermitteln: 1919 bis vermutlich 1929. In „Sperlings Zeitschriftenadressbuch" ist die Zeitschrift bis 1928 verzeichnet.

114 Laurenzi, Laura (Text): Pirelli-Kalender. Die schönsten Bilder von 1964 bis heute. Mit dem Kalender von 2000 von Annie Leibovitz. Schirmer/Mosel, München 2000, S. 102

115 Freud, Siegmund: Drei Abhandlungen zur Sexualtherapie, in: Gesammelte Werke. Chronologisch geordnet. 5. Band, S. Fischer-Verlag, Frankfurt / M. 1972, S. 120

116 Ettrich, Christine; Murphy-Witt, Monica: ADS – So fördern Sie Ihr Kind. Gräfe und Unzer Verlag, München 2003

117 Balint, Michael: Angstlust und Regression. Beitrag zur psychologischen Typenlehre. Rowohlt-Verlag, Reinbek bei Hamburg, 1972

118 Semler, Gert: Die Lust an der Angst. Warum Menschen sich freiwillig extremen Risiken aussetzen. Reihe Heine Lebenshilfe, Bd. 17/126, Wilhelm Heyne-Verlag, München 1984, S. 72–79

119 Neumann-Neurode, Detleff: Die Nackenschaukel. Schöne Körperhaltung durch Kräftigung der Nacken- und Rückenmuskulatur. Verlag Quelle & Meyer, Leipzig 1927, S. 7, 22/23

120 Glöckle, Hanns: Geschichte des Sports. Nach Bildreportagen von 1840–1900. Holzstiche aus dem Historischen Sportarchiv adidas. Südwest Verlag, München 1987, S. 15–19

121 Turnen, Turnverein, Turnhalle. – Gedenkschrift des deutschen Turnvereines in Prag zum 25. jährigen Jubiläum 1862–1887, Selbstverlag, Prag 1887, Abb. 506

122 Debiel-Trübenbach, Ursula: Telefonkarten. Die neue Sammelleidenschaft. Klinkhardt & Biermann-Verlag, München 1993

123 Villeneuve, Roland: Grausamkeit und Sexualität. Sadistisch-flagellantische, pathologische, gesellschaftlich-machtpolitische und religiöse Hintergründe der Leibes- und Todesstrafen, Hinrichtungsarten, Martern und Qualen bis in die Gegenwart in Wort und Bild. Rixdorfer Verlagsanstalt, Berlin 1988, S. 15/16

124 Kratz, Peter: Orgasmen in der „Papageienschaukel", http://www.bifff-berlin.de/aktuell51.html (abgerufen am 7.5.2010)

125 http://www.ffmhist.de/ffm33-45/portal01/portal01.php?ziel=t fbi dokumente auschwitz prozess 07, eine ähnliche Beschreibung bei http://www.zeichen-der-erinnerung.org/n5 2 boger friedrich.htm (abgerufen am 7.5.2010)

Inhalt